KB124898

촛불 이후 한반도의 평화와 안보

촛불 이후
한반도의 평화와 안보

평화재단 엮음

평재리

프롤로그

우리의 힘과 지혜를 모아
외교·안보의 새 항로를 개척해 나갑시다

최근 우리나라는 대단히 어렵고 험난한 경로를 헤쳐 나가고 있는 중입니다. 그리고 그 시련은 아직 끝나지 않았습니다.

대내적으로는 헌정질서를 위기에 빠뜨린 국정농단으로 대통령이 파면되는 초유의 사태를 겪었고, 대외적으로는 북한의 핵 · 미사일 위협이 현실화되면서 한반도 평화를 흔드는 위험수위가 최고치에 이르고 있습니다.

더구나 위안부 합의와 사드 배치결정 등에서 한국 외교의 스텝이 꼬이면서 한일관계, 한중관계, 한미관계 모두에서 우리나라는 난처한 입장에 몰리고 있습니다.

미국 트럼프 대통령이 전통적 의미의 동맹과 가치에 아랑곳하지 않고 국제사회에 던지는 파격적인 행보도 그렇지만, 뉴노멀New Normal의 등장과 4차 산업혁명이라는 인류문명사적 환경변화가 몰고 오는 거대한 쓰나미는 그 여파를 가늠하기조차 어렵습니다.

우리는 어두운 밤바다에서 심한 격랑 속에 표류하는 배에 타고 있다고 하겠습니다. 돛도 찢어지고, 노도 많이 부러졌습니다. 설상가상으로 현재 우리가 어디에 있는지 위치도 불분명하고 어디로 가야할 것인지 목적지도 혼란 속에 있습니다.

이러한 어려움 속에 19대 대통령이 새 선장으로 우리 배의 키舵를 잡게 되었습니다. 이제부터 우리는 그와 함께 새롭게 돛을 세우고 노를 장만하는 등 거친 격랑을 헤쳐갈 만반의 준비를 해야 합니다. 무엇보다 먼저 우리의 현재 좌표와 목적지를 확인하고 도전해오는 어떤 난관도 이겨내겠다는 각오와 자신감을 나누어야 할 것입니다. 서로를 격려하며 힘과 지혜를 모아 항로를 개척해 나간다면, 우리는 촛불을 밝히며 그토록 기원하던 새로운 대한민국을 건설해낼 수 있을 것입니다.

평화재단 평화연구원은 그동안 우리의 위치 좌표를 추적하면서 안전이 보장되는 올바른 항로를 찾기 위해 풍랑의 성질 등 주변 상황을 주의 깊게 연구하고 관찰해온 전문가들을 모시고 2016년 10

월부터 2017년 3월까지 여덟 번에 걸쳐 기획토론회와 공개포럼을 가졌습니다.

미국, 중국, 일본, 러시아, 북한 등 국제관계 전문가들과 안보와 외교분야에 밝은 전문가들이 모여 대한민국이 처한 외교·안보환경을 진단하고 이를 극복하기 위한 새로운 정책방향을 모색하였습니다.

대한민국이라는 배에 함께 타신 독자 여러분들도 이들 전문가 토론에 참여하여 우리의 현재 좌표와 목표를 직접 확인해 보시기 바랍니다.

감사합니다.

2017년 6월 15일

평화재단 평화연구원장 김 형 기

차례

1 북핵 실태와 비핵화 전략

토론일 2016년 10월 10일(월)

토론장소 평화재단 세미나실

발제 조한범

토론 김형기, 고경빈, 남기정, 신상진, 이새롬

북핵 실태와 비핵화 전략

북한은 핵물질, 기폭장치, 그리고 운반수단 등 핵무기 보유를 위한 3대 주요 구성요소를 이미 확보하고 있거나 이에 근접한 것으로 추정된다. 영변에서 추출한 폐연료봉의 재처리와 우라늄 농축시설을 통해 플루토늄과 고농축우라늄을 지속적으로 확보하고 있으며, 이미 5차례 핵실험을 했다는 점에서 기폭장치의 기술도 충분히 진전시킨 것으로 볼 수 있다. 운반수단, 즉 미사일의 경우 북한은 이미 사정거리 300km~1000km의 스커드와 1300km의 노동미사일을 최대 1000여 기 실전 배치하고 있으며, 이 미사일 모두에는 핵탄두 탑재가 가능하다. 개발 중인 중거리 및 대륙간탄도미사일(ICBM)을 제외하고 한반도 전역은 이미 북한의 핵 위협에 놓인 것으로 볼 수 있다.

김정은 노동당위원장(이하 김정은)은 2016년 5월, 7차 당 대회를 통해 핵·경제 병진노선을 항구적 노선으로 정하고 북한이 핵보유국임을 천명했다. 핵 포기는 있을 수 없다는 것이다. 불과 집권 5년만에 김정은 정권은 북한의 5차례 핵실험 중 3차례, 6차례 장거리 로켓 발사 중 3차례를 실시했다. 아울러 중거리 미사일 무수단과 잠수함발사탄도미사일(SLBM) 북극성의 개발에도 박차를 가하고 있다. 김정은 정권 치하에서 북핵 및 장거리 로켓 개발과정의 절반이 진행된 것이다.

더욱 중요한 것은 김정은 집권 이후 의미 있는 북핵 협상이 전혀 이루어지지 않았다는 점이다. 김정은의 핵전략은 핵 개발을 담보로 한 협상이 아니라 우선적인 핵보유로 볼 수 있다. 북한은 '핵·경제 병진노선'에 대해 핵무장을 달성하면 여력을 경제발전에 투자할 수 있다는 논리로 설명하고 있다. 결국 김정은의 핵·경제 병진노선은 '선 핵보유, 후 협상'을 의미한다.

북핵을 대응하기 위해서는 창의적 대안의 모색이 필요하다. 제재와 압박의 궁극적인 목적이 협상이라는 점에서 여지를 열어두는 것은 중요하다. 그러나 북한이 핵을 보유한 상태에서 협상하겠다면 궁극적 타결은 어렵게 된다. 현실적으로 북핵 동결이 우선적 과제이지만 완전한 비핵화가 해법이라는 점을 잊지 말아야 한다. 북한의 핵보유와 위협이 현실화할 경우, 압박과 제재를 넘어 미사일 방어체계의 구축, 북한 정권의 근본적 변화, 그리고 조건부 자체 핵무장의 검토 등 한국의 안보를 보장할 수 있는 모든 옵션을 모색해야 한다.

발제

5차례 핵실험으로 핵무기 개발 기술 익힌 북한

기본적으로 핵무기를 만들려면 핵물질이 필요하고, 핵물질을 터뜨리는 기폭장치와 이걸 묶어서 탄도를 실어 나를 운반수단이 있어야 하며, 핵실험이 필요하다. 북한은 플루토늄 P239와 농축우라늄 U235 등 두 가지 핵분열물질을 보유하고 있다. 북한은 5차례 핵실험으로 핵무기 개발의 기본기술을 모두 익혔다. 핵물질과 기폭 장치를 결합하고, 탄두형을 만들어 터뜨려봤다. 문제는 이 기술을 당장 쓸 수 있느냐의 여부이다. 북한은 여러 가지 탄두를 만들 수 있다고 했는데, 탄두 크기를 줄여버리면 모든 임계치가 달라지므로 설계를 다시 해야 한다. 실제로 사용할 수 있는 탄두를 제작할 수 있는 단계까지는 왔지만 그게 바로 실효성을 의미하는 건 아니다. 당장 미사일에 장착할 수 있는 탄두가 있는 건 아니라는 의미다.

핵보유국의 핵 개발 기간을 보면, 미국이 1945년에 원폭실험을 했고 실험 후 한 달도 되기 전에 실제로 사용했다. 단순한 상태로 결합해서 떨어뜨렸고 북한도 그걸 만들 수 있다. 미국은 원폭실험에서 수소폭탄 실험으로 가는 데까지 7년 걸렸다. 소련은 1949년에 핵실험을 했지만, 스탈린 시대의 소련은 원자폭탄의 유용성이 달랐다. 처음에는 미국이 만들면 소련도 만들어야 할 거 같아서 만들었는데, 사실 스탈린은 원자폭탄이 별로 필요없다고 생각했다.

소련의 전략은 인해전술 중심이었고 러시아라는 광활한 땅이 있기 때문에 그는 죽을 때까지 전략적으로 핵무기의 중요성을 몰랐다. 수소폭탄 개발까지 소련은 4년, 영국은 5년 걸렸고 중국은 3년 걸렸다.

2015년 2월 기준으로 북한은 최소 핵탄두 10기 이상을 만들 수 있는 핵물질을 보유한 것으로 추정된다. 북한 핵의 운반수단으로 미사일이 제일 중요하다. 북한의 미사일은 기술적 측면에서 스커드, 노동계열과 무수단, 북극성, KN08, KN14 계열 등 두 가지로 나뉜다. 스커드와 노동은 이미 실전 배치되어 있지만, 무수단 등 중거리 이상의 미사일은 현재 개발 중이며, 대륙간탄도미사일(ICBM)의 경우 단기간에 기술이 완성되기는 어려운 상태다.

북한과 이란 핵문제의 근본적 차이

북한과 이란의 핵문제는 근본적으로 다르다. 첫째, 이란은 핵 개발 초기 단계였지만 북한은 이미 끝났다. 북한은 핵기술을 완성했고 이란은 핵실험조차 하지 않았다. 북한이 핵무기를 실전 배치하면 상황은 근본적으로 달라진다. 이란은 핵보유를 통해 중동의 패권국가를 추구했으나 북한은 생존수단으로 인식하고 있다. 이란경제는 원유 의존도가 대단히 크기 때문에 원유를 봉쇄하면 전면적인 경제봉쇄와 같은 효과가 발생하나, 북한의 경우에는 기존의 대북제재로 전면적인 압박의 효과를 보기 어렵다. 이란은 팔레비 왕정 때 서구화 및 개방의 행보를 보인 적이 있고, 선거제도를 유지하고 있다. 즉 핵 개발 및 의사결정에 영향을 미칠 요인이 많다. 그런데 북한은 김정은 유일 결정체제 아래에 있다. 그리고 중동과 달리 동북아에는 남중국해 및 동중국해를 중심으로 미중 간 패권경쟁이라는 구도가 존재하고 있다.

김정은의 선 핵보유국 전략과 군사적 대응

김정은의 핵전략은 김정일 국방위원장(이하 김정일)과 다르다. 북한의 담론을 보면, 김정일 정권기에는 '자위적 억제력'이라는 표현을 쓰다가 김정은 정권기에는 '선제 타격수단'이라는 용어로 바뀐다. 근본적인 변화다. 김정일의 뇌졸증 발병 이후인 2009년 9월, 북한은 김정은을 공식적인 후계자로 알리기 시작했다. 김정은 후계 구도 정립 이후 북핵 협상과정은 사실상 의미 있는 진전은 아무것도 이루지 못했다. 김정은 정권의 핵심 핵전략은 선 핵보유라고 볼 수 있다.

북한은 최단기간 내에 핵을 보유하는데 주력할 것이고, 이를 막기는 힘들 것 같다. 어쨌든 '전략적 인내'는 끝났다. 현 상태에서 핵 동결을 조건으로 한다면, 북한은 협상을 받아들일 가능성이 있다. 그러나, 북한이 동결을 전제로 핵 협상을 시작한다고 해도 내부적으로 핵기술을 고도화하는 노력을 포기할 것으로 기대하기는 어렵다.

군사적 대응 여부의 레드라인은 6차 핵실험 또는 KN08과 KN14 등 대륙간 탄도미사일(ICBM) 발사인 것 같다. 2016년 9월 21일, 미군 폭격기 B-1B가 오산기지에 도착했다. 이례적으로 미국 측에서 고강도의 군사적 의도를 과장하면서 보여줬다. 마이크 멀린 전 미국 합참의장이 미국외교협회(CFR) 토론회에서 "만약 북한이 미국을 공격할 수 있는 능력에 아주 근접하고 미국을 위협한다면 자위적 측면에서 북한을 선제 타격할 수 있다"고 얘기한 걸 봐도, 5차 핵실험 이후에 미국의 입장이 바뀐 것으로 볼 수 있다. 북한의 신문으로 로동신문, 민주조선, 청년전위, 평양신문 등 4개 일간지가 대표적인데, 3개 지에 같은 소식이 실렸다. 평양방송에서도 "앞서 10월 6일에는 B-1B를 남조선지역 상동 사격장에 들이밀어 우리 공화국의 주요 전략적 핵심시설들을 타격하기 위한 지상목표 타격훈련을 광란적으로 벌여놓았다"고 주장했다.

북핵 몸값 변화에 따른 대응 전략

북한의 영변 핵 단지, 남포 태성기계공장, 신포 봉대보이라공장(잠수함공장), 동창리 및 무수단리 발사장, 그리고 길주군 풍계리 핵실험장을 타격하면 북한은 핵미사일 개발에 치명적인 타격을 받는다. 북한이 핵탄두를 실전 배치하기 전 미국이 설정한 임계점을 넘으면, 군사적 옵션은 언제든 선택될 여지가 있는 것이다.

대응 방향의 첫 번째 옵션은 협상이다. 지금까지는 실패했다. 6자회담, 압박, 포용 다 실패했다. 북핵 문제의 근본적 해결을 위한 새로운 협상이 필요하며, 이를 위해 협상의 형식과 의제를 개방해야 한다. 북핵 문제 해결을 전제로 특사, 군사회담, 정상회담 등 전방위 차원의 채널을 가동하고 한미군사훈련, 평화체제 등 가능한 협상 의제도 모두 검토할 필요가 있다. 과거와 달리 북핵의 '몸값'이 높아졌다는 것을 명심할 필요가 있다.

창의적인 대응도 모색해야 한다. 북한이 핵무기를 실전 배치할 경우, '조건부 자위적 핵무장'의 검토도 필요하다. 비극이지만 한반도에 핵이 있으면 사용될 가능성을 배제할 수 없으며, 이를 억제하기 위해서는 어쩔 수 없는 측면이 있다고 생각한다. 미국의 핵우산은 한국의 판단이 아니라 궁극적으로 미국의 선택에 의해 사용된다는 점에서 한계가 있다. 우리의 핵 안보를 타국에 전적으로 일임할 수는 없는 노릇 아닌가? 핵을 고집하는 북한 정권의 근본적 변화도 모색해야 한다. 북한을 근본적으로 변화시키지 않으면 핵문제도 해결하기 어렵고 통일여건이 조성되기도 힘들다.

대응 방향의 첫 번째 옵션은 협상이다.
북핵 문제 해결을 전제로
특사, 군사회담, 정상회담 등
전방위 차원의 채널을 가동하고
한미군사훈련, 평화체제 등
가능한 협상 의제도 모두 검토할 필요가 있다.

창의적인 대응도 모색해야 한다.
북한이 핵무기를 실전 배치할 경우,
'조건부 자위적 핵무장'의 검토도 필요하다.

토론

고경빈 북한 TV에 나오는 것처럼 전술핵을 비행기나 장사포에 실어서 사용하는 기술은 가능한가?

조한범 그건 어렵다. 비행기에서 떨어뜨리는 건 쉽지만 북한의 폭격기는 매우 노후화되어 있다.

고경빈 지금 핵탄두를 실전 배치되어 있는 노동이나 스커드미사일에 실어서 보내면 가능한 것 아닌가?

조한범 노동이나 스커드에 사용할 핵탄두를 만들게 되면 그렇다. 북한은 이미 한국을 공격할 능력을 잠재적으로 확보하고 있다고 봐야 한다.

고경빈 북한이 김정은 집권 이후 선 핵보유, 후 협상전략을 굳혔다고 했는데 지금 수준에서 북한이 협상할 준비가 되어 있을까?

조한범 협상을 시작해야 한다.

고경빈 미국도 북한을 겁주고 있지만, 미국이 중국을 통해서나 직접 북한을 접촉하고 있다고 보는가?

조한범 그렇다고 본다.

이새롬 박근혜 대통령이 북한 주민들에게 남으로 오라고 했던 것도 그렇고, 10만 탈북난민촌을 건설하겠다는 것도 그렇고, 박 정권은 어떤 목적이 있었나?

조한범 전략적 사고와 대안이 없었다. 미국의 겉으로 드러난 행동만 보고 있었다. 막상 협상 테이블이 열렸다면 박 정권은 굉장히 난처했을 것이다.

김형기 우드로윌슨센터의 제인 하면 소장과 제임스 퍼슨 연구원의 최근 〈워싱턴 포스트〉 기고문을 보면, 북한 핵·미사일 프로그램 동결을 목표로 협상을 시작해야 한다고 주장했다. 북이 말한 불가침 조약이 됐든 한미군사합동훈련 중단이든, 이런 것들을 협상 테이블 위에 올려놓고 동결부터 시작해서 협상으로 가야 한다고 했다.

조한범 지금이 협상의 최적기다. 미국도 거래해야 한다는 확실한 판단이 선 상태다. 중요한 건 핵동결에 대한 대가 여부다. 비핵화가 아니라 동결의 대가로 최소한 군사훈련 중단을 요구하고 있다. 북이 내놓은 조건을 보면 대화의 전제조건은 군사훈련 중단이며, 전략무기를 한반도에 가져왔다 가져갔다 하지 말고 항공모함 등을 한반도 경내에 들여오지 말라는 것이다.

김형기 위기관리를 계속하면서 정권 안정을 확보할 수 있다는 게 김정은의 생각인데 박 정권도 그런 생각을 갖고 있었다는 게 우연히 맞아떨어졌다.

고경빈 그 지점이 토의해야 할 부분인데, 핵을 가진 북한과 상당 기간 공존할 수도 있는 시나리오를 예상해야 한다. 그런 상황에서 협상만 믿고 있어도 되는 건지, 군사적인 방법 등 다른 대응수단을 마련해야 하는지 고민해야 한다. 북한의 핵위기를 축소하는 방향으로 협상해야 하지만 그 기간이 언제까지 지속될지 모르니까 이 상황에 잘 대응해서 북한이 핵 공격을 하지 못하게 우리 쪽에서도 방패를 만들어 놓는 게 필요하지 않나?

조한범 지금이 골든타임이라는 건 북한이 핵무기를 실전 배치하면 협상이 끝나기 때문이다. 그때는 협상하고 싶어도 할 수가 없다.

고경빈 확장억제를 기본전략으로 유지하면서 우리 자체적으로 반反핵무기 전략, 핵무장 전략이 아니라 핵은 없어도 핵전략에 대응하기 위한 우리만의 전략이 있어야 한다.

조한범 현실적으로 한국의 자체 핵무장에 제약이 있는 상황에서 성질이 다른 비대칭 대응방안을 모색할 수 있을 것이다. 그래서 공세적 탈북자정책 얘기가 나오는 거다.

고경빈 대놓고 핵무장의 길을 걷겠다는 게 아니라 행보만 보이는 것이 대안이 될 수 있나?

조한범 북한이 핵을 실전 배치할 경우에는, 한국도 핵무장을 하겠다고 선언하는 것 그 자체는 핵확산금지조약(NPT)에도 한반도 비핵화 선언에도 위배되지 않는다. 실제 핵무장을 하는 것이 아니고 선언이기 때문이다. 이미 핵무장을 완성한 인도, 파키스탄, 이스라엘 등을 물귀신처럼 끌어들이는 방법도 있다. 지금이 골든타임인 건 핵을 실전 배치하기 전이기 때문이다. 한 번 핵을 실전 배치하고 나면 김정은이 제거되어도 그 다음 통치자가 또 활용할 테니까 지금이 협상의 마지막 기회다.

고경빈 우리의 안보위기를 무엇으로 막을 것인지, 핵무장의 길로 가는 방법 외에 다른 방법은 없는지, 만약 우리가 핵을 갖고 있다면 한반도 역학관계는 어떻게 바뀔 것인지, 구체적인 위협의 내용을 무엇으로 할 것인지 등 치밀한 대책이 필요하다.

신상진 너무 비관적인 방향으로 가고 있다. 미국과 중국이 과연 북한에 대한 선제타격을 통해서 이 위기를 해결할 것인가? 미국도 그렇게 하기 어려울 거고 중국도 수용하지 않을 거다. 중국이 그걸 용인할 가능성은 거의 없다.

김형기 만약 미국이 중국과 협의 없이 독자적으로 북한에 선제타격을 한다면 중국이 어떻게 할까?

고경빈 중국군이 북한에 주둔할 가능성이 있다. 미국이 선제타격을 하면 북한이 잠시 멈칫하겠지만 북한이 보복하지 않는다는 건 희망 섞인 시나리오다. 평택이든 수도권을 향해서든 쏠 것이다. 중국에 '형님, 들어와' 라는 신호를 주는 것이다. 그래서 중국군이 북한 지역에 주둔하면 한반도 통일문제는 그야말로 끝장이다.

남기정 이나다 도모미稻田朋美 일본 방위상이 참의원 예산위원회에 출석한 자리에서, '비핵 3원칙'[1]을 견지한다고 했다. 국회의원 시절에는 핵을 가져야 한다[2]고 했는데 방위상이 된 다음에는 이를 철회했다. 핵을 갖는 것에 대해서 비판적인 일본 국민의 관심이 고조되고 있고, 민진당의 비판도 있어 일단 비핵 3원칙을 견지한다고 했다. 한반도 핵위기가 과거와 다르다고 하면서, 핵 위협에 대해 미국과 공조화를 얘기하신 것 같은데, 미국의 입장에서 말하는 것이다. 그러나 사실 미사일과 관계없이 한국이 핵 위협에 노출된 건 이미 오래됐다.

조한범 문제는 협상의 확장이라는 부분을 강조하고 싶다. 미국과 소련의 핵 대결상황과 한반도의 상황이 다른 게 한반도에서는 우발적인 상황에서 핵이 터질 수 있다는 점이다. 그걸 막기 위해서는 모든 걸 협상 테이블 위에 놓아야 한다. 협상이 안되는 게 아니고 지금

1) 일본의 '비핵 3원칙'이란 "핵무기를 만들지도, 보유하지도, 반입하지도 않겠다"는 것으로 1969년 사토 에이사쿠佐藤榮作 당시 총리가 국회 시정연설에서 처음 주창한 이후 일본의 '국시國是'로 여겨져 온 것이다.

2) 보수 우익성향을 보이는 이나다 방위상은 방위상 취임 전인 2011년 3월 잡지 '정론正論' 기고에서 "일본의 독자적 핵 보유를 단순한 의논이나 정신론이 아니라 국가전략으로 검토해야 한다"고 주장한 바 있다.

북핵의 값이 비싸졌다는 게 문제다. 협상 대상에는 주한미군 문제, 즉 한미군사훈련 축소 또는 주한미군 감축까지도 들어간다고 본다.

이새롬 북한의 핵 개발로 남북한 간 핵전력의 비대칭이 너무 커진 상황에서 우리가 북한에 줄 수 있는 이점이 뭔가?

고경빈 지금 남한의 국내정치 상황에서는 한미군사훈련을 축소하거나 연기한다고 얘기만 해도 정치적으로 큰 파장이 있을 것이다.

김형기 북의 입장에서는 주한미군이 한반도에 있어줘야 북한의 값어치를 올려주는 측면이 있는 게 아닐까?

조한범 북한이 가진 근본적인 불안감을 제거해줘야 한다는 얘기다.

조한범 일단 현 시점에서 상황을 중단시키는 게 가장 시급한 거고, 김정은 정권이 핵 보유 원칙을 포기하지 않는다면 정권교체도 검토해야 한다.

고경빈 지금이 핵 협상의 가장 적절한 시기라는 것은 명확하다.

조한범 북핵 시설에 대한 군사공격 가능성까지 검토되고 있다. 역설적으로 지금이 협상의 호기라고 볼 수도 있다. 여기까지면 다 온 것이다. 여기를 넘어가면 브레이크가 없다.

신상진 북한을 타격하고 김정은의 참수를 얘기하는 것은 정말 그러겠다는 게 아니라 협상으로 가기 위한 분위기를 만드는 것으로 보인다. 북한이 이 마당에 대화의 상대를 누구로 정하겠나? 6자회담도 아니고 4자회담도 아니다. 그런 상황에서 한국이 이래라저래라 할 수 없지만, 정부가 북한을 붕괴시키겠다고 하고 극단적으로 나가는 모습만 보이면 안 된다.

고경빈 협상 빼고 모든 일을 다 하고 있는데, 이제 협상에도 손댈 때가 된 것이다.

남기정 다롄에서 북일 접촉이 있었다는 사실을 아사히신문[3]에서 보도했다. 협상 파트너로 일본 쪽은 외무성 아시아 · 대양주국 참사관과 과장 등 3명이 갔다. 일본 외무성은 사실이 아니라고 공식적으

3) 아사히신문은 2016년 10월 7일 복수의 북일 관계 소식통을 인용, "양국 정부 관계자가 9월 3~4일 중국 동북부 랴오닝遼寧성 다롄大連시에서 접촉했다"며 "일본 측은 납치문제의 진전을 목표로 협의에 임한 것으로 보인다"고 보도했다.

로 부인했는데 아사히신문에 나왔다. 5차 핵실험을 하기 전이어서 미리 북측에서 일본에 언질을 주었을지는 모르겠다. 2016년 10월 7일에 보도에 따르면, 일본도 납치자 문제를 통해 북과 협상을 하고 있을 거고, 협상한다고 하면 미국과 모종의 이야기가 있을 수 있다. 협상하려는 여러 움직임이 조금씩 드러나는 분위기가 있는 것 같다. 일본도 핵 위협을 느낄 수 있는데, 차분한 분위기다. 뭔가 분위기를 조절하면서 해보려는 게 있는 것이다. 러시아와의 협상도 급물살을 타고 있다.

군사적 합리성으로 시나리오를 만드는 건 의미가 있지만, 정치적인 합리성을 가미해서 생각을 해봐야 하고, 결론도 비관적인 시나리오보다는 조금 다른 결론을 끌어내는 시나리오를 찾아보는 게 필요하다. 저대로 가면 우리가 할 게 없고, 최악의 시나리오만 그려지고 있는 것 같은데, 그렇지 않은 시나리오나 정치적 가능성을 찾아봐야 하지 않을까? 핵무기의 의미가 일본이나 미국이 생각할 때는 이미 고루한 것일 수 있다. 이들 국가는 어쩌면 우주전쟁 등 더 넓은 분야로 눈을 돌렸는데, 우리는 뭔가 패러다임이 바뀌는 시기에 구시대의 유물인 핵무기를 붙잡고 있는 건 아닌지 생각해봐야 한다. 마치 과거 식민지 시기에 독립만 하면 되는 줄 알고 온 국민이 독립을 위해 총력을 기울였는데, 막상 독립하니 그게 다가 아니었던 것처럼, 그런 꼴이 나지 않는 결론을 내야 하지 않을까?

고경빈 우리도 그런 것에 대한 대응이 필요하다고 생각한다. 미소가 우주전쟁을 얘기하는데, 우주전쟁은 핵무기 때문에 촉발된 거다. 동북아에서 우리 땅을 넘본다고 하면, 우리는 우주에 아무 위성도 없고 완전히 무방비가 된다. 핵탄두를 만드는 일만 빼고는 다 해야 한다. 원자력협정이나 미사일협정 등도 그런 필요에 따라 개정해야 한다.

조한범 기술적으로 들어가면 우리는 잠재적으로 이미 우라늄농축 기술을 확보하고 있다고 봐야 한다. 우리가 국제원자력기구(IAEA) 사찰을 받은 이유도 우라늄 농축 기술과 관련이 있다는 설이 있다. 기폭장치 기술도 사실상 확보하고 있으며, 운반수단으로는 한국형 미사일 현무 1, 2, 3이 있다. 특히 현무 3은 크루즈미사일로 500km, 1000km, 1500km 형이 있다.

고경빈 이제는 재래식 전쟁에서 네트워크 전으로 바뀌었다. 인공위성 없이는 작전이 안 된다. 우리가 자체적으로 가진 위성을 통해 군사를 움직일 수가 없다. 일본만 해도 인공위성을 개발하고 있고, 중국은 이미 있고, 우리는 미국에서 주는 정보만 기다리고 있어야 한다.

남기정 일본은 비핵 3원칙이 있어서 우주개발을 할 수 있었다. 핵을 갖겠다고 하면 누가 일본에게 우주개발을 하라고 하겠나?

조한범 우리는 다 제한받고 있다. 핵 재처리의 길을 열어 천문학적으로 쌓인 사용 후 핵연료봉을 써야 한다. 북핵 위협에 대응하여 원자력과 관련하여, 미국이 걸고 넘어지는 수없이 많은 제약을 풀어야 한다.

남기정 그러면서도 핵은 절대로 안 된다고 강력하게 얘기해야 한다.

조한범 북한이 핵을 실전 배치하면 문제가 달라진다. 천여 개에 달하는 대남용 실전 배치 미사일에 계속 핵탄두를 탑재하면 우리가 뭘 할 수 있겠나? 그래서 실전 배치 전에 반드시 북핵 문제를 해결해야 한다.

2 북한의 현황과 전망

경제문제를 중심으로

토론일 2017년 3월 14일(화)

토론장소 평화재단 세미나실

발제 동용승

토론 김형기, 고경빈, 조한범, 남기정, 이새롭

북한의 현황과 전망:
경제문제를 중심으로

북한의 김부자 3대에 걸친 권력의 특징과 주된 목표를 볼 때, 김일성 주석(이하 김일성)은 왕조를 축성築城하는 데에 그 목표를 두었다면 김정일 국방위원장(이하 김정일)은 수성守城, 김정은 노동당위원장(이하 김정은)은 공성攻城 쪽으로 전략방향이 움직이고 있다. 김정일은 수세적인 입장에서 비상체제, 즉 비정상적인 구조로 움직였다면, 김정은은 초기에 국가 체제를 정상화시키는 쪽으로 주력했다고 볼 수 있다.

김정은 시대가 열리고 50년 만에 국방·경제 병진노선이 경제건설·핵무력 병진노선으로 전환하게 된다. 과거의 국방·경제 병진노선이 중화학공업 우선의 불균형발전 전략이었다면 현재의 경제건설·핵무력 병진노선의 핵심은 농업과 경공업이다.

북한은 최근 자원수출을 재개했다. 우선 경제난과 자연재해로 망가진 광산시설을 정상화하기 위해 중국과 러시아 자본이 투입되었고, 2010년부터 석탄수출이 많이 늘어났다. 2010년부터 석탄수출이 많이 늘어나기 시작했다는 것은 북한의 광산이 100% 정상화됐다는 것을 의미한다.

김정은은 시장의 힘과 타협을 선택했다. 그게 바로 사회주의 기업책임관리제와 포전담당제이다. 기업책임관리제와 포전담당제로 기업과 농가가 70%의 생산물량을 자체 처분할 수 있게 되었는데, 이런 물량을 소화하려면 시장이 필요했기 때문이다.

기업책임관리제, 포전담당제 그리고 석탄수출정책 등을 실질적 개혁의 시작으로 볼 수 있다. 아직 더 지켜봐야 하겠지만 소유권 토대를 전 인민적 소유에서 협동적 소유로 되돌린 것이다. 또한 시장자본을 공식경제 부문으로 유입하기 시작했다는 것도 주목할 점이다. 처음에 주저하던 시장자본이 아파트 건설사업에 투자하여 돈벌이가 되자 여명거리 건설의 상당 부문이 개인자본으로 시행되고 있다. 시장자본이 정부의 조치를 신뢰하기 시작했다고 볼 수 있는 것이다.

김정은은 중앙정부가 관리하는 경제특구 이외에 지방정부가 관할하는 경제개발구도 늘려가고 있다. 아직 성과가 없는 것은 내부적 요인이 아니라 외부적 요인 때문이다.

북한 주민들은 경제제재에 대해 불편하지만 익숙해 있다. 외부의 힘으로 억압당하면 당할수록 내부적으로는 더욱 뭉치게 된다. 대북제재의 효과를 평가하는 요인들을 하나하나 짚어 봤을 때 지금까지의 대북제재는 사실상 효과가 없다고 볼 수밖에 없다.

북한의 개혁은 북한 주민들이 동력을 만들고 북한 당국이 그것을 수용하는 과정으로 진행되고 있다. 우리 대북정책의 핵심은 두 가지의 변화를 고려해야 한다. 첫째, 북한 주민의 시장개혁 요구를 확대시키는 쪽으로 대북정책을 펴야 한다. 어느 사회나 자본과 권력이 상호 연계되어 있기 때문이다. 또 하나는 북한이 열어놓은 개방지역을 집중적으로 공략해야 한다는 것이다.

발제

실패로 끝난 김정은의 경제노력동원과 화폐개혁

현재 북한 사회는 기득권층과 일반 주민으로 분화되어 있다. 기득권층에는 권력그룹에 있는 사람도 있고 돈벌이하는 사람도 있는데 상호 공생관계 속에 강력한 네트워크를 형성하고 있다. 김정은은 권력을 다루는 데 능숙하고 실질적 능력이 있다고 평가 받으며 당의 정상화로 현실화되고 있다. 국제사회와는 대결 양상이 계속되고 있지만, 이는 앞으로 협상 국면을 탐색하기 이전에 협상 입지를 강화하려는 의도라고 볼 수 있다.

김부자 3대에 걸친 권력의 특징과 주된 목표를 보면 김일성은 왕조를 축성築城하는 데에 있었다면 김정일은 수성守城, 김정은은 공성攻城 쪽으로 전략방향이 움직이고 있다. 김정일은 수세적인 입장에서 비상체제, 즉 비정상적인 구조로 움직였다면, 김정은은 초기에 국가 체제를 정상화하는 쪽으로 주력을 했다.

2009년에 시행했던 150일 전투와 100일 전투라는 두 번의 경제노력동원은 김정은이 실질적 지도자로 처음 지휘한 사업이었다. 김정은은 두 번의 노력동원 전투를 마무리하고 화폐개혁을 실행한 바 있다. 2008년도 8월 김정일이 쓰러지고 병상에 있는 동안 김정은이 후계자로서 국내 문제에 처음으로 본격적인 지도력을 발휘한 것인데 실패로 마감했다.

150일 전투의 실질적인 목적은 북한경제의 재고와 생산능력 등 현실에 대한 정확한 파악이었다. 북한경제를 다시 가동하기 위해서 먼저 경제현실을 파악하려는 것이었다. 그런데 경제의 각 부문 담당자들이 김정은에게 잘 보이려고 자기 조직이 잘하고 있다고 현황을 과장하여 보고한 것이다. 이 당시 로동신문에 나타난 150일 전투의 성과 보도를 보면, 주로 중화학 부문의 부활을 과시했다. 김책제철소, 흥남 비료공장에서 생산물을 쏟아내고 있다고 보도했다. 이렇게 150일 전투가 성공했다는 것을 전제로 해서 그해 12월 30일에 화폐교환(denomination)을 단행했다.

화폐교환은 가구당 10만 원을 한도로 옛 화폐를 100대 1비율로 신화폐로 교환해 주되 근로자의 임금은 그대로 유지한 조치다. 사실상 근로자 임금은 100배가 인상된 셈이다. 그동안 계획경제가 제 역할을 하지 못하고 암시장이 확산되어 인플레이션이 증가하면서 불이익을 받았던 임금근로자들인 노동자들을 이롭게 하려는 조치라고 하여 처음에는 여론의 지지를 많이 받았다.

그런데 생산부문이 정상화된 것을 전제로 한 화폐교환이었으나, 현실은 전혀 그렇지 않았고 김정은에게 허위보고한 것을 기초로 추진한 것이었기 때문에 곧바로 실패하였다. 너무 커져버린 암시장을 제한하고 공식 경제부문을 정상화하기 위해 화폐교환을 단행했는데 공식 경제부문이 비정상 상태였기 때문에 둘 다 죽어버렸다. 인민생활이 엉망이 되자 총리가 평양시 인민반장들 앞에서 공개적으로 사과까지 하였다. 북한에서 아주 예외적인 사건이며 북한 매체에 보도되기도 했다. 그리고 화폐교환 실패의 책임을 물어 당 재정부장이 처형되었다. 이러한 뼈저린 실패를 교훈으로 김정은은 "약속한 것은 지켜야 하며, 능력이 되는 수준으로 목표를 설정하고, 그 목표는 반드시 달성해야 한다"고 다짐한 것으로 보인다.

기업책임관리제의 경공업과 포전담당제의 농업전략

김정은 시대가 열리고 50년 만에 국방·경제 병진노선이 경제건설·핵무력 병진노선으로 전환된다. 과거의 국방·경제 병진노선이 중화학공업 우선의 불균형발전 전략이었다면 현재의 경제건설·핵무력 병진노선의 핵심은 농업과 경공업이다. 이런 정책전환은 매우 현실적인 선택이었다. 2016년에 개최된 7차 당대회를 계기로 사회주의 기업책임관리제와 포전담당제가 본격적으로 실시된다. 이것은 개혁적 조치이다. 사회주의 기업책임관리제는 주로 경공업부문이 해당되며 포전담당제는 농업부문에 적용된다.

과거의 분조관리제와 달리 포전담당제는 각 농가로 하여금 특정의 토지를 반영구적으로 경작하도록 허락한 것이다. 이것이 전국적으로 시행되지만 성과는 지역 상황에 따라 다르게 나타나고 있다. 함경북도에서는 성과를 거두고 있으나 곡창지대인 황해도와 함경남도에서는 아직 변화가 드러나지 않는다. 포전담당제를 시행할 수 있었던 것은 김정일 시대에 경지정리와 토질조사 사업을 꾸준하게 진행해 온 덕분이다. 토질별로 다르지만 평균적으로 수확의 30%를 국가에 바치고 나면 나머지는 각자 알아서 처분하도록 한 것이다. 김정일 시대의 포전관리제가 사실상 월급제로 운영되던 것과 비교하면 큰 변화이다.

북한의 지하자원 정책에도 변화가 있었다. 1950년대 전후 복구를 위해 일시 자원수출을 한 경우가 있었고, 1970년대 중화학공업 강화를 위해 자원수출을 했지만 오일쇼크로 인해 실패하였다. 북한의 자립경제 특성상 북한 자원수출에 큰 비중을 두지 않았다. 오히려 자원수출을 국부의 유출로 보고 꺼렸다. 그러다 최근 자원수출을 재개했다. 돈이 필요해진 것이다. 경제난과 자연재해로 망가진 광산시설을 정상화하기 위해 중국과 러시아 자본이 투입되었고 2010년부터 석탄 수출이 많이 늘어났다. 김정은은 수출할 수 있으면 얼마든지 수출하라는 명령을 내렸다.

원래 북한경제의 대외의존도는 10% 미만이었다. 10%가 안 된다는 것은 자체적으로 에너지원을 조달했다는 것이고 그것이 석탄이었다. 그런데 전력이 부족해 석탄 생산이 저조해진데다 결정적으로 1990년대 3년 연속 자연재해로 석탄광이 다 매몰되어 버렸다. 그래서 지난 20년 동안 전기가 거의 끊어진 상태에서 살아남기 위해 소형 발전기들을 많이 설치했다. 지금 소규모 공장들은 거의 자체 발전기를 갖고 있다. 석탄광산도 중국이 발전기를 들여와서 다시 가동할 수 있었다. 2010년부터 석탄 수출이 크게 늘어나기 시작했다는 것은 북한의 광산이 대부분 정상화됐다는 것을 의미한다.

북한이 화폐교환을 시행한 것은 경제난 이후 확산된 시장을 억제하고 과잉 공급된 화폐를 회수하며 공식 임금과 물가를 인상하려고 한 것인데 결과는 오히려 시장 확대가 대세로 되어버렸다. 2002년 7.1 경제개선 관리조치를 하던 당시에도 화폐개혁 필요가 있었지만 불발되었던 것으로 보인다. 그러면서 화폐개혁의 수요가 누적되다가 2009년 더는 시장확산을 방관하지 않겠다고 화폐교환을 단행했지만 결국 실패했다.

시장자본의 유입과 실질적 개혁

김정은은 시장의 힘과 타협을 선택했다. 그게 바로 사회주의 기업책임관리제와 포전담당제이다. 기업책임관리제와 포전담당제로 기업과 농가가 70%의 생산량을 자체 처분할 수 있게 되었는데, 이런 물량을 소화하려면 시장이 필요하기 때문이다. 70%를 계획경제로 소화하려면 전부 다 계획경제 체제로 가져와야 하고 배급체제가 다시 시행되어야 하는데 이제는 이런 것이 불가능해진 것이다.

따라서 김정은 시대에 시행되고 있는 기업책임관리제, 포전담당제 그리고 석탄수출정책 등을 실질적 개혁의 시작으로 볼 수 있다. 아직 더 지켜봐야 하겠지만 이러한 개혁과정의 핵심은 경제수단의 소유권 토대를 전 인민적 소유에서 협동적 소유로 되돌린 것이라고 말할 수 있다. 원래 사회주의의 소유 개념은 개인 소유에서 협동적 소유로 발전하고 그것이 전 인민적 소유로 전환하면서 사회주의를 완성한다는 기획이다. 1979년 김정일이 권력투쟁을 마무리 짓고, 사회주의 완성단계로 진입한다고 선언했다. 협동농장의 모든 작물을 국가에서 가져가고 농장원에게 월급을 주면서 전 인민적 소유가 완성됐다고 선언했다. 사실 북한의 협동농장이 완전히 망가지기 시작한 것은 그때부터다.

김정은이 이를 뒤로 돌린 것이다. 지금의 포전담당제나 사회주의 기업책임관리제는 사실상 협동적 소유다. 땅은 아직 개인소유가 아니지만 가구단위로 경작권을 주고 기업은 아직 국가 소유이지만 운영권은 노동자 즉 협동조합원들에게 준 셈이다. 국가가 가져가는 30%의 생산물량은 일종의 사용료이자 세금에 해당된다.

최근 북한경제의 변화 중 두드러진 것은 시장자본을 공식경제부문으로 유입하기 시작했다는 것이다. 예를 들면, 여명거리 건설에 민간의 투자를 받아들인 것이다. 2013년에 개인집 건설부문을 대상으로 개인자본에 의한 투자를 뒷받침하는 법규가 도입되었다. 대형 건설사업을 정상화하는데 개인들이 투자할 수 있도록 사실상 문을 열었다. 처음에는 주저하던 시장자본이 아파트 건설사업에 투자하여 돈을 벌면서 이제는 여명거리 건설사업의 상당 부문이 개인 자본으로 시행되고 있다. 시장자본이 정부의 조치를 신뢰하기 시작했다고 볼 수 있다.

그러나 이러한 현상을 두고 북한이 이제 시장경제에 진입했다고 결론지을 수 없는 것은 아직 개인적 소유 쪽으로 가지 않고 협동적 소유에 머물러 있기 때문이다. 다만 계획부문과 시장부문이 통합되어 점차 시장이 확대될 것으로 본다면 아직은 불투명하지만 개혁의 시작으로 볼 수 있다.

김정은은 중앙정부가 관리하는 경제특구 이외에 지방정부가 관할하는 경제개발구도 늘려가고 있다. 아직 성과가 없는 것은 내부적 요인이 아니라 외부적 요인 때문이다.

북한의 개혁은 북한 주민들이 동력을 만들고 북한 당국이 그것을 수용하는 과정으로 진행되고 있다. 북한 당국이 앞서서 끌고 가는 게 아니라 북한 주민들에 의해서 만들어진 것을 당국이 수용하는 형태이다. 개방의 경우도 마찬가지로, 굉장히 제한적인 개방을 하다가 이제는 지방이 스스로 살아남을 수 있도록 개발구를 대폭 허용하고 있다.

시장개혁 확대와 개방지역 적극 공략

우리 대북정책의 핵심은 바로 위에서 언급한 두 가지 변화를 고려

최근 북한경제의 변화 중 두드러진 것은
시장자본을 공식경제 부문으로
유입하기 시작했다는 것이다.
예를 들면 여명거리 건설에
민간의 투자를 받아들인 것이다.

북한의 개혁은
북한 주민들이 동력을 만들고
북한 당국이 그것을 수용하는 과정으로 진행되고 있다.
북한 당국이 앞서서 끌고 가는 게 아니라
북한 주민들에 의해서 만들어진 것을
당국이 수용하는 형태이다.

해야 한다. 첫째, 북한 주민의 시장개혁 요구를 확대하는 대북정책을 펴야 한다. 어느 사회나 자본과 권력이 상호 연계되어 있기 때문이다. 또 하나는 북한이 열어놓은 개방지역을 집중적으로 공략해야 한다는 것이다.

지금은 중앙이 권한을 전부 틀어쥐고 있지만, 지방도당 책임 부서들이 경제개발구의 성공을 이끌어내면 지방 권력이 생겨나게 된다. 이렇게 되면 북한 스스로 체제를 변화시킬 동력이 생기기 시작한다. 북한경제의 내부 변화를 정확하게 인지하고 이에 부합하는 조치를 해야 대북정책이 성공할 수 있다.

북한 주민들은 경제제재에 대해 불편해하지만 익숙해 있다. 외부의 힘으로 억압당하면 당할수록 내부적으로는 더욱 뭉치게 된다. 대북제재의 효과를 평가하는 경제요인들로 경제구조와 규모, 무역구조와 규모, 외환 사정 등이 있으며, 비경제요인으로 내부결속 정도와 반대세력의 유무, 외부와의 무력충돌 가능성 등이 있다. 이런 것들을 하나하나 짚어 봤을 때 지금까지의 대북제재는 사실상 효과가 없었다.

토론

남기정 대북 관여정책과 경제제재 조치는 북한의 귀족과 평민세력 역학관계에 어떤 영향을 주나?

동용승 쿠데타든 역성혁명이든 권력의 반대편에서 주도하는 경우는 거의 없다. 지금 북한에서 힘이 있는 세력은 귀족 그룹이다. 이들의 부가 늘어나면 왕조를 엎을 수 있는 세력이 될 수 있다. 평민의 경우는 부가 축적될수록 귀족 그룹에 속하려는 경향이 있다. 김정은이 국가경영을 하는데 귀족세력 힘을 이용하겠지만 김정은 입장에서는 귀족이나 평민이나 다 자기 신민臣民에 불과하다. 김정은 체제 안에서 귀족과 평민이 나눠 먹을 것이 100이 있다고 한다면 이것은 김정은이 관리할 수 있는 범위 내에 있는 것이다. 그러나 외부의 투입으로 먹을 것이 100을 넘어서 1000이 되게 한다면, 관리 영역이 넓어져서 김정은이 관리할 수 없는 범위가 확대될 것이다.

조한범 공산당 지배가 시장체제와 결합하면 공산당 귀족세력이 지배하게 된다. 레드 마피아Red Mafia들이다. 귀족계층과 시장이 결합하는 도둑 경제현상을 고려하여 북한에 희망이 있으려면 시장이 건전하게 커져야 한다. 도둑 경제로는 미래가 없다.

고경빈 북한 사회에서 권력세습이 가능한 분위기나 세습권력이 권력을 행사하는 방식은 우리 사회의 재벌세습이나 대형교회의 세습과정과 닮아 있다. 대재벌의 세습회장이 수십 년 형성된 자기 재벌기업 시스템에 얹혀 있지만 실권을 배타적으로 행사하는 것처럼 북한도 사실 경험없는 김정은이 북한 시스템에 얹혀서 실권을 장악하고 있는 것이다.

동용승 중요한 것은 북한의 최근 변화들을 실질적으로 추동하고 있는 것이 정권 리더십이 아니라 주민들이라는 것이다. 생존을 위해 시장의 확산이라는 변화를 끌어왔고 북한 당국은 불가피하게 이를 수용하고 있다는 것이다. 그래서 우리가 북한을 공략할 때 주민들을 목표로 해야 한다. 북한 주민의 역량을 강화하는 데 도움이 되는 방향으로 해야 한다.

그런데 대북전단 살포 방법으로 북한 사회를 흔드는 것은 역효과가 있다. 오히려 반감만 사고 남한에 대한 불신만 남긴다. 남북교류 방법으로 자연스럽게 북한 주민의 역량을 지원해야 한다고 생각한다.

동용승 의사결정 과정에서 김정일과 김정은은 차이가 있다. 김정일은 독단적이고 수직적으로 한다. 반면 김정은은 유사정책 분야별로 소조小組를 구성해서 그것을 중심으로 정책을 결정한다고 한다.

조한범 장성택이 2010년경 친위 쿠데타로 경제와 정보부문을 장악했다는 것은 무슨 의미인가?

동용승 선군정치로 군부가 과도하게 관여했던 부분을 김정일 말기에 당으로 돌려주었는데 이는 당 사업의 정상화로 볼 수 있다. 장성택이 부장으로 있던 당 행정부가 김일성 시대부터 정보 관련 사업을 장악하고 있었다. 그런데 그것이 선군정치 시대에 유명무실해졌다가 김정일이 쓰러진 이후 원래의 기능을 찾은 것이다. 다만 장성택이 이를 이용해 자기 권력을 확충한 것이 문제가 된 것이다.

조한범 장성택 처형 이후의 과정이 김정남 암살과 이어져 있다고 보는가?

동용승 2010년 리제강 사망사건 직전에 장성택이 국방위원회 부위원장에 임명되었다. 장성택이 리제강을 제거한 것은 김정은을 지도자로 조련해 온 대부를 없앤 것이다. 과거에 장성택과 김경희는 김정남의 후원 역할을 한 적도 있고, 김정남의 추천으로 중국인 양빈楊斌을 신의주특구 시장후보로 김정일에게 건의한 적도 있었다. 2002년 장성택이 잠시 권력의 전면에서 물러나 있을 때 권력층 내부에서 김정일의 후계를 둘러싼 투쟁이 있었다. 2004년 고영희가 사망한 이후 김정일이 김정남을 배제하고 후계자 논의를 일단락시킬 때 장성택은 김정남을 밀고 있었다고 한다.

2008년 김정일이 쓰러지자 장성택은 김정은을 꼭두각시로 앉히고 자기가 실권을 잡으려 했던 것으로 보인다. 이에 반대한 사람들이 리제강과 이용철 등 김정은 후계를 밀던 세력들이었을 것이다. 결국 리제강은 장성택에 의해 제거되었지만 김정은 역시 귀족세력의 뒷받침으로 평민세력인 장성택을 제거하는 데 성공했다. 그리고 최근 김정남이 말레이시아에서 살해되었다. 김정남을 장성택과 연결된 인물이라고 본다면 장성택의 처형과 김정남의 암살은 맥이 닿아 있다고 볼 수 있다.

조한범 작년 말 노동당 조직지도부가 국가보위부에 대해 대대적인 검열을 했다. 장성택 처형 이후 당 행정부 권한을 김원홍의 국가보위부가 가져갔는데 말이 많아서 김원홍에게 직접 국가보위부를 자체 검열하라고 한 적이 있었다. 김원홍은 아무 문제가 없다고 보고했으나 조직지도부 검열을 통해 국가보위부가 썩었다는 것이 드러났고 국가보위부 간부들이 대거 숙청당했다.

동용승 국가보위부를 정비한다는 것은 대남 대화와 교류에 나설 준비를 하는 측면으로도 볼 수 있다. 남한의 차기 정부와 대화와 교류를 시작하기 전에 내부정비를 하는 것이다.

고경빈 화폐교환 시행 후 4개월 만에 재정부장을 총살한 것으로 보아 화폐교환이 실패하면서 김정은이 받았을 충격이 짐작된다. 허위과장보고로 150일 전투를 망친 당 간부와 관료들에 대한 불신을 고려하면 당정 개혁에 대한 필요를 크게 느꼈을 것 같다.

조한범 2009년 화폐교환은 시장에 자본이 축적되고 커지니까 국가가 그 돈을 빼앗기 위한 것이었다. 그러나 그런 의도의 화폐교환이 주민의 반발로 실패한 것이 아닌가?

동용승 주민의 반발로 실패한 것은 맞다. 그러나 그 원인을 따지고 보면, 150일 전투로 북한경제의 생산능력과 재고를 정확하게 파악하려 했는데, 경제관료들의 엉터리 허위과장 보고로 거품이 많았던 데서 찾을 수 있다.

남기정 생산능력 및 재고 파악과 화폐교환은 무슨 관계가 있나?

동용승 계획경제 구조를 정상화하기 위해서는 화폐교환을 통해서 시장을 통제해야 한다. 생산능력을 조사해보니 공식경제 부문에 재고와 생산능력이 충분하여 암시장을 틀어막으면 계획경제가 정상화 될 수 있다는 보고가 올라온 것이다. 암시장을 죽이려는 방법이 바로 화폐교환Denomination을 통해 암시장에 유포된 돈을 회수하는 것이었다. 그러나 화폐교환으로 암시장도 위축되었지만 공식부문은 경제가 전혀 정상화되지 못할 정도로 생산능력이 부족했던 것으로 드러났다. 결국 생필품을 못 구한 주민들의 아우성으로 재정부장을 희생시킬 수밖에 없었다.

고경빈 분조담당제와 포전담당제의 차이는 무엇인가?

동용승 포전담당제는 농가당 1헥타르의 땅을 고정적으로 나눠줘서 포전담당제라고 한다. 과거 분조담당제는 관할 농지를 분조가 돌아가면서 경작했다. 토질의 우열 차이를 감안해서 평등하게 경작하게 한 것이다. 포전담당제는 농가별로 정해진 토지(포전)를 고정적으로 매년 경작하도록 하는 것이다.

김형기 남북경협이 중단된 것과 북한의 석탄 수출이 증가하는 것은 어떤 상관관계를 갖는가?

동용승 북한이 석탄 수출을 본격적으로 시작한 시기와 남북경협이 위축된 시기가 비슷해서 양자가 상관관계에 있는 것처럼 보인다. 즉 남북경협이 중단되어 돈벌이가 막혔기 때문에 석탄 수출로 벌충한다는 논리인데 이것은 우리 생각이다. 북한 쪽 관계자들의 이야기는 다르다. 그들의 설명은 그동안 탄광의 시설붕괴로 석탄 생산이 저조했던 것이 완전히 정상화된 것이라는 데 강조점이 있다. 북한은 남북경협은 일종의 보너스로 생각하고 있으며, 남북경협에 의존하지 않는 경제구조를 구축하려고 노력하고 있다.

북한이 남한에 의존한 경제전략을 세우지는 않을 것이다. 그건 우리라도 마찬가지이다. 경제건설·핵무력 병진노선은 과학기술을 원동력으로 한 지식경제 강국을 목표로 한다. 이를 위해 전력문제를 우선 해결하고 농업, 경공업 중심으로 가려고 한다. 그리고 석탄 문제를 기반으로 중화학공업을 재건한다는 것이 기본전략이다.

김형기 유엔의 대북제재로 중국이 북한산 석탄 수입을 중단했다는 것은 무슨 맥락인가?

동용승 중국 기업이 북한산 석탄수입의 할당량quota을 이미 다 소진했기 때문이다. 그러나 앞으로 북한 석탄 물량은 계속 들어갈 것이다. 이미 계약이 끝난 물량이다. 그걸 보고 중국이 속이고 있다고 하지만 이미 계약한 물량은 들어가는 것이 맞다. 북한은 유엔 회원국이 아닌 대만을 통해 간접적으로 석탄을 중국에 수출하는 방법을 모색할 수도 있다.

3 트럼프의 미국

한미관계와 동북아정세 전망

토론일 2016년 11월 18일(금)

토론장소 평화재단 세미나실

발제 김준형

토론 김형기, 고경빈, 조한범, 남기정, 신상진, 이새롭

트럼프의 미국:
한미관계와 동북아정세 전망

이번 미국 대선에서 의외의 결과가 나왔다. 샌더스가 미국의 이상이라면 클린턴은 미국의 현실이고 트럼프는 미국의 속내라는 말은 이번 선거 과정에서 나타난 현상을 요약한다. 선거결과로 인해 많은 미국인이 불확실성을 이야기한다. 트럼프는 공화당의 도움 없이 대통령이 됐기 때문에 상당 기간 독자적인 어젠다를 마구 던질 것이다. 막연히 미국의 제도와 시스템이 그런 독단을 막아주리라는 기대는 낙관론에 불과할지 모른다.

트럼프 외교는 중상주의적이고 현실주의적 성격이 짙다. 민주주의나 인권이라는 가치 추구보다는 철저하게 비즈니스적 이권을 확보하려고 한다. 상대가 반발할 경우 동맹이면 동맹을 끊어버리고 적일 경우에는 힘으로 굴복시키겠다는 매우 거칠고 원칙 없는 외교가 될 것이다.

한미동맹은 지금까지 신화적 중독성과 오바마류의 원칙적 의지에 의해 작동해 왔는데 트럼프의 미국이 비즈니스적 태도로 나올 때, 우리만 신화에 묶여 있으면 손해를 볼 수밖에 없다. 트럼프가 이야기하는 것은 방위비 분담에만 멈추지 않는다. 방위 분담까지 말하고 있다. 위험한 것은 미국의 방위에 대해 우리가 그 하청을 들 수 있다는 것이다.

트럼프의 미북관계 전망에 대해서도 양극단이 다 있다. 오바마 정부의 전략적 인내가 실패했다고 비판하고 있기 때문에 확실한 변화를 시도할 것이다. 그 방법의 하나가 대화고 다른 하나가 군사적 방식을 사용해서라도 제압하겠다는 것이다. 미북 대화를 시도할 수도 있고 빅딜로 갈 수도 있지만, 빅딜이 된다고 해도 우리에게 불리한 내용이 될 가능성이 있다.

민주주의나 인권 등 미국 외교에서 가치에 대한 강조가 약해지는 것은 북한이 좀 반가워할 부분이다. 북한도 협상력을 높이기 위해서 도발할 가능성이 있지만 자제하는 면도 보이고 있다. 중국에 대한 압박을 높여 북한이 핵을 포기하도록 한다는 트럼프 공약은 제법 구체적이다. 트럼프는 만약 대화가 실패하면 중국에 무차별적으로 세컨더리 보이콧Secondary Boycott을 할 가능성도 있다.

미국발美國發로 동맹의 관성에 대한 변화 요구가 나온 것은 우리에게 상당히 좋은 신호다. 한국발韓國發로 이런 요구가 나오기도 힘들거니와 잘못하면 종북과 반미로 매도되기 십상이지만, 미국발로 출발하면 한미관계를 신화적 맹목 관계에서 비즈니스적 합목적 관계로 바꿀 기회로 삼을 수 있기 때문이다.

미국과 중국 사이에서 우리가 버틸 수 있는 힘은 남북관계를 이용하는 것이다. 트럼프가 집권 직후 외교에 대한 학습시간을 보내는 것이 다행이라면 다행이다. 우리에게 골든타임을 제공하고 있다. 트럼프의 외교 진용이 갖추어지고 정책구상이 완성되기 전까지 우리는 빨리 국내 정국을 수습하고 골든타임을 적극적으로 활용해야 할 것이다.

발제

트럼프를 선택한 미국의 속내

미국 대선에서 의외의 결과가 나왔다. 전체적으로 투표율이 저조했지만 플로리다, 미시건 등 경합주에서는 투표율이 높았다. 트럼프 지지자들이 적극적으로 투표소에 나간 것이다. 또 민주당 텃밭인 오대호 연안에서도 트럼프 지지표가 많았다. 트럼프를 뽑은 유권자 중 20%도 그가 싫다고 했다. 숨어있는 지지층Shy Trump 현상도 나타났다.

반테러 정책 때문에 트럼프를 뽑았다는 사람이 60%가 넘는다. 반테러는 중동 테러뿐만 아니라 내부적인 치안문제도 포함한다. 미국이 평화롭지 않다는 느낌에 따라 인종 문제와 상관없이 일단 미국을 안전하게 만들겠다는 것이 상당히 호소력 있었다. 트럼프를 선택한 다음 이유는 클린턴이다. 클린턴은 너무 나쁜 선택이었다. 어떻게 보면 '인간적으로 왜 저렇게 미움을 받을까' 하는 생각도 들지만 어떤 의미에서는 자기는 누릴 것 다 누리면서 기층 민중을 얘기하는 소위 리무진 진보나 칵테일 진보라고 얘기하는 사람들의 위선에 신물이 난 것 같다. 이메일 사건 등으로 클린턴의 진실 없음이 드러난 선거였다.

오대호 연안 4개 주에서 모두 클린턴이 지는 이변이 있었다. 이곳의 공업지대는 공동화와 슬럼화가 진행되어 미국경제 침체의 상징이 된 곳이다. 트럼프는 이곳에 사는 실직위기에 처한 저학력 백인 노동자의 분노를 잘 건드렸다. 트럼프는 인종주의, 외국인 혐오, 여성 혐오 등의 감정을 퍼뜨리고 약자와 약자의 싸움을 부추겼다. 경제적 낙수효과가 아니라 증오와 혐오의 낙수 효과를 노린 것이다. 결국, 트럼프도 기득권자인데 그것을 유지하기 위해서 약자끼리 싸움을 붙여 절망의 정치가 되어 버렸다. 오바마만 해도 담대하게 희망과 미래를 얘기했는데 클린턴은 별로 미래 얘기를 하지 않았다. 왜 트럼프가 안 되는지를 주로 얘기했을 뿐 자신의 비전과 메시지가 전혀 없었다.

이러한 분노와 감성을 트럼프가 자극했다. 반면, 민주당도 감성적 말을 많이 사용했지만 분노보다는 바로 치유Healing의 메시지를 주려고 했다. 그러나 기층 민중에게 힐링 메시지는 전혀 통하지 않았다. 기층 민중에게는 샌더스의 메시지가 훨씬 효과적이었을 것이다. 샌더스에게 희망을 품었던 사람이 클린턴에 대한 지지로 옮아가지 않았다. 이 점이 선거전략상 민주당에 불리하게 작용했다.

트럼프의 선동정치와 미국 지성의 충돌

뉴노멀New Normal이라는 최근 담론과도 연결되는 현상인데 이 점은 브렉시트Brexit도 마찬가지다. 자본주의와 민주주의의 위기로 최근 나타나는 지구적 현상은 강자들의 전성시대를 보이고 있는 것이다. 2차 대전 이후 세계 번영을 주도했던 신자유주의와 자본주의가 무너지고 있다. 자본주의의 중심인 영국과 미국에서부터 무너지고 있다. 동북아는 훨씬 심하다. 이 지역의 지도자 6명이 강자들의 완전체를 이루고 있다. 지금까지 오바마가 버티고 있었지만 아베, 시진핑… 어벤저스Avengers가 아닌 수어사이드 스쿼드Suicide Squad다. 민족주의와 포퓰리즘을 강조하는 완전체다.

'샌더스가 미국의 이상이라면 클린턴은 미국의 현실이고 트럼프는 미국의 속내다'라는 말이 이번 선거과정에서 나타난 여러 현상을 요약한다. 선거 결과로 인해 많은 미국인들이 불확실성의 증가를 이야기한다. 자기가 믿어온 가치가 다 무너진다고 얘기할 정도로 미국 지식인들의 공황 상태는 심각해 보인다.

앞으로 트럼프의 선동 정치와 미국 지성의 충돌이 여러 형태로 일어날 것이다. 백인 우월주의와 인종차별로 인한 유색 인종과의 충돌이 많이 걱정된다. 백악관과 상원을 모두 잡은 공화당이 이걸 얼마나 지켜줄 것인지 지켜볼 문제다. 문제는 트럼프가 공화당의 도움 없이 혼자 대통령이 됐기 때문에 상당 기간 독자적으로 어젠다를 던질 것이라는 점이다. 미국의 제도와 시스템이 트럼프의 독단을 막아 주리라는 막연한 기대는 낙관론에 불과하다. 벌써 인선 과정에서 잡음과 논란이 그치지 않고 있다.

트럼프의 경제공약인 소득세와 법인세를 대폭 낮추고 수입품 관세 부과를 통한 일자리 살리기는 실현 가능성이 낮다. 실현된다고 하더라도 수혜자는 최상위 부유층이 될 것이며 재정 균형을 위해서는 복지나 교육 예산을 삭감해야 한다. 트럼프는 총 1조달러 인프라 투자를 공언했는데 실현 가능성도 의문이지만 가능하다고 하더라도 미국판 4대강이 될 가능성이 많다. 소위 '먹튀'라고 해서 먹고 튈 가능성이 있다.

미국 역사상 트럼프와 가장 닮은 대통령은 앤드루 잭슨이다. 잭슨의 고립주의Jacksonian Isolation처럼 '트럼프의 고립주의'를 이야기하는데, 트럼프의 고립주의는 다른 뜻을 담고 있다. 일반적인 고립주의보다는 미국의 국익에 철저한 대통령이 되겠다는 것에 더 가깝다. 신고립주의라고 하면 이라크, 아프가니스탄에서 철수하는 등 해외개입을 축소한 오바마가 정책적으로 더 가깝다.

트럼프를 신고립주의Neo Isolation로 부른다면 아메리칸 퍼스트 American first를 추가로 붙여야 하고, 중상주의적이고 현실주의적 성격이 짙음을 인식해야 한다. 쓸데없이 민주주의나 인권이라는 가치 추구보다는 철저하게 비즈니스적 이권을 확보하겠다는 것이기 때문이다. 외교면에서도 압도적인 군사력으로 미국의 경제 이익을 확보하고, 상대가 반발할 경우 그가 동맹이면 동맹을 끊어버리고 적일 경우에는 힘으로 굴복시키겠다는 매우 거칠고 원칙이 없는 외교가 될 것이다. 트럼프는 미국의 주인은 백인이라고 암시적으로 주장한다. 강력한 보호무역주의 아래 중국, 멕시코, 일본 등을 특정해서 손을 보겠다고 했고 반이민정책으로 유권자를 선동했다.

트럼프의 정책은 오바마 정책을 반대로 하는 ABO(Anything but Obama)의 태도를 보일 것이다. 브로맨스Bromance라 불릴 만큼 러시아 지도자 푸틴과 사이가 좋고 세계적 극우 지도자와 연결되어 있다는 것도 특징이다. 푸틴이나 시진핑 입장에서는 툭하면 인권, 자유, 민주주의 가치를 들먹거린 미국 지도자가 밉상이었는데 이제 그들과 같은 성향의 미국 지도자를 만났다. 그러나 거꾸로 생각하면, 이런 지도자를 선택했다는 것이 미국인에게는 너무 부끄러운 것이다.

미국의 제도와 시스템이 트럼프를 길들일 수 있을지 앞으로 2년 정도 주목해야 한다. 미국 유권자는 대통령에게 6개월에서 1년 간 달콤한 시기를 주지만 중간 선거는 주로 엄격한 평가의 의미가 있어서 항상 대통령에게 반대한다. 트럼프가 의지한 포퓰리즘의 휘발성도 우려된다. 포퓰리즘은 긴 시간을 주지 않는다. 빠른 시일 내에 확실하게 보여줘야 한다. 과연 미국 제도와 시스템이 트럼프를 길들일 수 있을지 지켜볼 문제다.

상생 없는 트럼프 정권에서의 국제정세 전망

국제정치에서도 트럼프의 세계관은 마키아벨리적이고 홉스적이다. 둘 다 상생한다는 개념은 없다. 승자와 패자만 있고 공동 이익 추구는 긍정형 게임이 아니라 완전 제로섬 게임으로 보고 있다. 앞으로 미국과의 관계는 승부사처럼 얻을 것은 얻고 줄 것은 주는 방식으로 푼다면 운신의 폭이 약간 있을 수도 있다. 그러나 우리에게는 가능하지도 않고 기적이 필요할 정도다. 우리는 미국에 대해서 과도하게 신화적이고 종교적으로 중독되어 있기 때문이다.

한미동맹의 관성이라는 것이 신화적 중독성과 오바마류의 원칙적 의지에 의해 작동되었는데 트럼프처럼 미국이 비즈니스 태도로 나올 때, 우리만 여전히 신화에 묶여 있으면 손해를 볼 수밖에 없다. 예를 들면 한미협상이 시작되기도 전 벌써 우리 정부 일각에서 미군 주둔비용 100%를 우리가 낼 수밖에 없다는 이야기가 나오는데 이러면 이미 대미협상에서 지고 들어가게 된다. 미국은 이런 구조에서 추가로 얻는 것이 많다. 미국은 몇 수 앞을 더 내다 볼 수 있게 된다.

트럼프가 이야기하는 것은 방위비 분담에만 멈추지 않는다. 방위 분담까지 말하고 있다. 1조 정도 분담금을 올리는 것보다 더 위험한 것은 미국의 방위에 대해 우리가 그 하청을 들게 될 수 있다는 것이다. 트럼프는 미국의 동북아전략에 도움이 되지 않는 동맹은 하지 않겠다는 의지가 강하다. 우리의 방위비 분담금 구조의 가장 큰 문제점으로 두 가지를 들 수 있다. 그 하나는 예산을 어디에 쓰는지 결산 보고 없이 돈만 주고 끝낸다는 것이다. 독일도 일본도 결산 보고를 통해 예산의 적정성을 심의할 수 있는데 우리는 미군이 이를 어떻게 쓰고 있는지 알 수 없고 몇 년째 미군은 이를 다 쓰지 못하고 불용액으로 쌓아두고 있는 실정이다. 두 번째 문제로 우리는 간접비 성격의 비용을 분담금에 포함시키지 않고 별도로 부담한다. 평택기지 이전비가 분담금에 포함되지 않았는데 이를 포함하면 어마어마하다. 카투사KATUSA 비용도 우리가 별도로 부담하고 있다. 어쨌든 우리도 미국과 비즈니스적 협상카드를 준비해야 하는데 협상하기도 전에 미국 요구를 전부 들어주어야 한다는 강박에 잡혀 있다. 한일군사정보보호협정이나 사드 배치도 같은 맥락에 있다.

중국과 러시아와의 관계에서도 트럼프는 원칙과 전체를 포괄하는 대전략이 없다. 그저 미국 위주다. 아시아재균형정책 등으로 유럽에서 러시아와의 알력이 잠시 이완될 가능성이 있지만 장기적으로는 그렇게 될 것으로 보지 않는다. 미중, 미러 관계가 대결구조나 일종의 진영구조를 가질 수밖에 없기 때문에, 트럼프 집권 초기에 여유 공간이 생기더라도 그 이후는 원래의 관계로 수정될 것이다. 초기의 여유 공간이 우리한테는 골든타임이 될 수 있다. 그동안 우리는 남중국해와 사드 등으로 중국과 미국 사이에서 배타적 선택의 압박을 받아왔다. 그런데 미국발美國發로 여유 공간이 생긴다면, 이를 이용하여 남북관계를 회복시켜서 한반도를 안정시키고 국익을 도모해야 한다. 그러나 국내정치 상황으로 우리가 어쩌지 못하는 안타까운 시간이 가고 있다.

트럼프의 대북정책도 포퓰리스트적 비일관성이 드러난다. 김정은과 햄버그를 먹으며 대화하겠다고 대화 용의를 밝혀온 동시에 정반대로 미치광이라는 원색적인 비난과 암살 또는 선제공격도 불사하겠다고 언급했다. 미북관계를 대하는 태도 역시 선동적이다. 그럼에도 불구하고 대화와 제재라는 두 가지 가능성이 다 있다. 오바마 정부의 전략적 인내가 실패했다고 비판하고 있기 때문에 확실한 변화가 필요한데, 그 방법의 하나가 대화고 다른 하나가 군사적 방식을 사용해서라도 제압하겠다는 것이다. 일단 미북 대화를 시도할 가능성이 있고 대화가 성사된다면 빅딜로 갈 가능성도 있다. 그런데 빅딜이 된다 해도 우리에게 반드시 좋다고 할 수 없다. 우리가 소외된 상태에서 북핵을 현상유지로 인정하면서 넘어갈 수도 있기 때문이다.

미국 외교에서 민주주의나 인권 등 가치에 대한 강조가 약해져서 북한으로서는 협상의 공간이 넓어졌다. 북한이 협상력을 높이기 위해서 도발할 가능성이 있지만 자제하는 면도 보이고 있다. 중국에 대한 압박을 높여 북한이 핵을 포기하도록 한다는 트럼프 공약은 제법 구체적이다. 트럼프는 만약 대화가 실패하면 중국에 무차별적으로 세컨더리 보이콧을 할 가능성도 있다.

골든 타임을 활용해 비즈니스적 한미 관계로

우리는 박근혜 정부 실패와 트럼프 당선이라는 두 가지 불확실성에 직면해 있다. 우리는 유용한 외교카드를 아무런 계산 없이 막 던져버렸다. 개성공단 폐쇄나 사드 문제도 그렇지만 전시작전권 문제, 한일 위안부 문제도 상당부분 받을 것이 많은데 그냥 넘겨주었다. 그런 중에 트럼프가 집권 이후 외교에 대해 학습하는 시간을 보내고 있는 것이 다행이라면 다행으로 우리 외교에 골든타임을 제공하고 있다. 트럼프가 대외문제보다는 대내문제에 집중하고 있어 외교참모진이 갖추어지고 정책구상이 완성될 때까지 7~8월, 더 가면 연말까지가 우리에게 주어진 시간이라고 본다. 우리는 빨리 국내 정국을 수습하고 골든타임을 활용해야 한다.

미국발美國發로 동맹에 대한 변화 요구가 나온 것은 상당히 좋은 신호다. 한국발韓國發로 이런 요구가 나오기도 힘들거니와 잘못하면 종북과 반미로 매도되기 십상인데, 미국발로 출발하면 한미관계를 신화적 맹목관계가 아닌 비즈니스적 합목적 관계로 바꿀 기회가 된다.

매트릭스 영화에 나오는 상황에 비유하면 중앙 컴퓨터는 미국에 있고 촉수들은 현재의 동맹인 셈이다. 미국이 꿈꾸는 미래의 방위 체계이다. 우리가 거기 들어가면 자율성을 잃고 MD(Missile Defense)체계에 편입되는 것으로, 좀비에 물려서 부산행 열차에 타는 것이다. 이런 표현이 공포스럽고 좀 과장이 있다 하더라도 그런 우려를 불식할 수 없다. 미중관계는 지금까지 겪어보지 않은 아주 특수한 관계라고 생각한다. 적대적이지도 협력적이지도 않다. 같은 방향으로 달리는 미국과 중국이라는 트럭에 우리는 다리를 걸치고 있는 형국이다. 미중 트럭 간의 거리가 한계상황을 넘게 되면 결국 우리는 떨어지고 말 것이다.

우리가 미국과 중국 사이에서 떨어지지 않고 버티며 상황을 호전시키려면 허벅지의 힘을 길러야 하고, 그것은 남북관계를 활용하는 데서 나온다. 우리가 남북관계를 반가공半加工 상태로 만들어 제시하지 않으면 미국이 수용하지 않는다. 미국은 스스로 나서서 북한 문제를 해결할 의지도 방법도 없다. 중개자로 북한을 설득하여 반가공품을 만들어서 트럼프에게 가져가기 위해 우리는 남북관계를 잘 활용해야 한다.

토론

고경빈 클린턴이 선거에서 실패한 것과 트럼프가 선거에서 이긴 요인이 같기도 하고 다르기도 한 것 같다. 이를테면 미국의 기층민들은 분노하고 있는데 클린턴은 이에 공감하지 못하고 힐링이라는 동떨어진 접근을 했다면, 분노의 대상이라고 할 기득권을 대표하는 트럼프는 어떻게 이것을 피했고 오히려 덕을 보았나?

김준형 트럼프는 사업가지 공직자가 아니었다. 그는 이미 스스로 면죄부와 면역 기능을 갖추고 선거에 뛰어든 셈이다. 반면 클린턴은 수십 년간 공직에 있었기에 유권자들이 더욱 신뢰하지 않았다. 대선토론에서 트럼프가 클린턴에게 "당신에게 30년간 기회가 있었는데 4년 더 기회를 준다고 해서 지금 미국의 문제를 해결한다는 걸 우리가 어떻게 믿느냐?"고 질문했다. 이것이 핵심이다. 미국 유권자는 정치인의 전형적인 거짓말보다는 비록 사기꾼이지만 기업가의 손을 들어주었다. 트럼프는 기독교 유권자에게는 받아들일 수 없는 이미지였지만 그래도 공화당 기반이라는 당파적 충성심을 이용할 수 있었다. 거기에 백인의 분노가 실려서 이번 선거에서 이변을 낳았다.

조한범 미국 문화가 원래 나쁜 놈보다 거짓말하는 놈을 더 미워한다. 트럼프가 우스갯소리가 아닌 고도의 계산된 발언을 했을 수 있다. 트럼프라는 상품이 너무 나빠서 그렇지 공화당 주자가 조금만 좋았다면 압승했을 것이다. 왜냐하면 두 개의 글로벌 트렌드와도 맞물려 있기 때문이다.

하나는 다극화이고 다른 하나는 뉴노멀이다. 소련이 붕괴된 이후 나타난 다극화 현상을 미국 혼자 감당할 수 없는 상황에서, 아시아 재균형이라는 정책은 사실상 미국의 근육 축소를 말하는 것이다. 이런 상황에서 미국의 고립주의는 매우 현실적인 선택이다. 트럼프가 미국의 부담을 내려놓은 것이다. 그런데 클린턴은 부담을 계속 지겠다고 했으니 질 수밖에 없었다. 둘째는 뉴노멀이다. 자본주의가 발달하면 금융자본은 쌓이고 성장률은 떨어진다. 그러면 금융자본이 후진국으로 이전되어 산업자본으로 활용되며 전 세계적으로 성장을 지속하게 한다. 그런데 이제는 그것이 한계 상황에 몰렸다. 그런 불황 때문에 신자유주의 트렌드가 퇴조하고 있다. 브렉시트가 그 시작이었고, 트럼프의 보호무역주의는 미국 유권자들에게 가장 현실적인 선택이었다. 그래서 미국 대선은 이번이 아니라고 보는 것이다. 하지만 이것이 미국 몰락의 시작일 수도 있다. 로

마나 몽고는 폭력으로 세계를 지배하지 않았다. 이 나라들이 제국을 지배할 수 있었던 힘은 폭력이 아니라 관용으로 표현되는 도덕적 우월성이었다. 미국은 이제 그 도덕적 우월성을 포기한 것이나 마찬가지다. 그래서 이것은 미국 제국주의의 붕괴로 이어지는 거대한 흐름의 일부라고 생각한다.

우리 입장에서는 기회가 될 수 있다. 클린턴에게 한미동맹이 사랑의 관계라면 트럼프는 이를 계약 관계로 보고 있다. 이 상황은 우리가 미국의 힘에 의존하여 발전시켜 왔던 정책뿐만 아니라 한국 사회의 정체성에 근본적인 변화의 계기가 될 수도 있다. 트럼프의 등장으로 남북관계도 훨씬 선명해졌다. 세 가지 가능성이 있는데 첫째는 완벽한 비핵화 협상, 둘째는 선제적 대북공격이다. 세 번째가 최악인데, 어설프게 뭉뚱그리는 과도적인 핵동결 합의이다. 핵동결 합의는 북한이 한국에 대한 공격 능력은 갖추지만 미국에 대한 공격 능력은 없는 상황에서 다만 비확산만 확실히 약속하게 된다.

고경빈 선거 유세에서 트럼프에게 만약 북한이 일본이나 남한을 공격한다면 미국은 핵으로 대응할 것이냐고 물었더니 그것이 왜 미국의 비즈니스냐고 답했던 적이 있다. 북한 핵 문제에 대한 미국의 압박수위를 어떻게 보나?

미국은 민주주의와 인권이라는 가치 추구보다는
철저하게 비즈니스 이권을 확보하겠다는 것이다.
압도적 군사력으로 미국의 경제이익을 확보한다는 것이다.
상대가 반발할 경우,
그가 동맹이면 동맹을 끊어버리고
적일 경우에는 힘으로 굴복시키겠다는
매우 거친, 원칙이 없는 외교가 될 것이다.

미국발로 동맹에 대한
변화 요구가 나온 것은 우리에게 상당히 좋은 신호다.
한국발로 이런 요구가 나오기도 힘들거니와
잘못하면 종북과 반미로 매도되기 십상인데,
미국발로 출발하면 한미관계를
신화적 맹목관계가 아닌 비즈니스적 합목적 관계로
바꿀 기회가 된다.

김준형 전체적으로 다소 여유 공간이 생길 것으로 본다. 최악의 시나리오라고 지적한 핵동결 타협이 이루어지면, 미국의 핵우산과 북한의 핵보유가 대규모 전쟁을 안정적으로 막아주지만 한반도에서 작은 도발이 많이 생길 텐데 그 점이 우려된다. 결과적으로 남북관계가 개선되어야만 하는 가장 큰 이유는 남북 사이의 압력 해소뿐만이 아니라 미중의 압력이 한반도에서 기싸움을 할 가능성을 조금씩 낮출 수 있기 때문이다. 그런데 우리는 트럼프의 개인적 특성에 좀 집중해야 한다. 이 사람은 예측 불가능성이 높고 실제로 화를 참지 못하고 분노조절 장애가 있다고 한다. 그런 점에서 그의 발언은 고도로 계산된 것이기도 하겠지만 그보다는 촉觸이다. 그게 잘 맞아들어 갔는데 이런 것들이 나중에 우리에게 불안감으로 다가올 수 있다. 이 부분이 변수가 되리라 본다.

김형기 트럼프 책상에는 북한에 대해서 항상 군사적인 공격의 카드가 있다는 것인가?

김준형 한국 언론에서 선제공격 카드를 너무 띄운다. 그건 이전에도 늘 있었다. 미국 사람들은 "모든 카드가 항상 준비되어 있다(Every option is on the table)"고 이야기 한다. 모든 카드가 소진되면 공격하겠다는 이야기는 당연할 수밖에 없다. 그런데 당장 공격한다든지 북한을 쓸데없이 자극할 가능성은 오히려 적다. 트럼프가 분노조절 장애가 있다 하더라도 북한을 공격하는 것은 미국의 이익하고 전혀 상관없다고 생각할 것이다. 그는 미국 우선의 고립주의자다.

신상진 미국이 북한의 핵시설에 대해 선제공격을 한다면 북한은 스커드와 노동 미사일로 평택과 수도권에 집중 보복을 가할 것이다. 북한 핵시설은 폭격으로 인해 쓸 수도 없고 안 쓸 것이다. 그 다음에 한국군이 북한에 보복 공격을 하려고 하면 중국과 미국이 막을 것이다. 북한의 핵무기 시설을 없앴으니 중국과 미국으로서는 더 이상의 확전을 막는 것이 당연한 반응이다. 이러한 경우 우리의 득실이 무엇인지 계산이 안 된다.

김준형 지금 미국 분위기에서 전쟁이 가능하다고 생각하지 않는다. 낙관적인지 모르지만 이러한 선제공격론은 보수 기득권 세력의 주장에 날개를 달아주는 주장이라고 본다.

김형기 만약 방위비 분담과 관련해서 미국이 우리를 예상 이상으로 압박하면 우리 국민의 반응이랄까 한미동맹에 대한 회의나 반미감정이 증폭될 텐데 이를 어떻게 관리하는 게 좋을까?

김준형 기회와 위기 두 가지 가능성이 다 있다. 미국의 압박이 심해지면 미국의 요구를 일부 수용해 진정시키자는 얘기도 나오겠지만, 반대로 미군이 떠날 수 있는 절호의 기회라는 얘기도 나올 수 있다. 이렇게 양극단까지는 아니더라도 많은 사람이 이러한 두 가지 감정을 함께 가지게 될 것이다. 방위 분담의 심각성은 비용문제를 떠나서 한미동맹이 미일동맹의 하부 구조로 들어가기 때문에 더욱 문제가 된다. 2015년 4월 오바마와 아베 사이에서 개정된 미일 안보가이드라인에서 일본의 집단자위권을 인정해 주면서 한국의 동의라는 조건을 적시하지 않았던 것은 미국의 전반적인 동북아전략이 한국을 일본의 관할로 만들려는 것이기 때문이다. 이는 트럼프 정부에서도 이어질 것으로 본다. 결국 우리가 전작권을 가져와 국익과 국력에 맞는 수준의 방위체계를 갖추는 것이 최선일 것이다. 그러나 현실적으로 미국의 얘기를 일부 들어주며 우리의 부담을 줄이되 미일동맹의 하부로 들어가는 것을 막도록, 한미 간 협의 공간을 확보해 가야 한다고 본다.

조한범 주한미군 감축론을 우리가 먼저 치고 나갈 필요가 있다. 중국에 대한 견제는 향후 수십 년간 미국 대외정책의 핵심일 텐데 이와 관련해서 주한미군 2만 8000명은 전진배치되어 있는 지상군으로 보석 같은 존재다. 걸프전에서 미국이 뼈저리게 느낀 것은 지상군이 현지에 전진배치되어 있지 않으면 즉각적인 전쟁이 불가능하다는 것이다. 미국은 주한 미군을 뺄 수 없다. 이것을 우리는 미국과의 협상 카드로 써야 한다.

남기정 트럼프의 개인적인 특성도 집중해서 볼 필요가 있다고 했는데, 트럼프의 정책 중 제일 중요한 것이 일자리 창출이었다. 국방정책도 이와 관련되지 않을까?

김준형 지금은 일단 오바마 케어 축소로 재정 부담을 축소하고 일종의 뉴딜이나 4대강 같은 사업으로 일자리를 창출하려 한다. 그런데 소득세도 내린다고 했으므로 재정 적자가 늘어날 것이고, 최저임금을 올려 가난한 사람을 지원해준다고 했으니 뒷감당이 안 되어 '먹튀 정부'가 될 가능성이 있다. 모두 선동정치의 결과이므로 상호 모순되는 정책이 이어지고 있다. 미국이 2008년 금융위기를 겪고도 왜 개혁을 하지 못했을까? 그것은 미국의 아킬레스건인 월스트리트와 국방군수산업 때문이다. 군수산업은 미국을 먹여 살리는 한 축으로 미국 전체를 돌리는 힘이기 때문에 결국 아시아재균형 정책은 지역 동맹국에게 군사비 확대를 요구하는 것으로 될 수밖에 없다.

고경빈 트럼프가 앤드루 잭슨과 유사하다고 했는데 구체적으로 설명해 달라.

김준형 잭슨도 지나친 선동주의자였고 현실주의자였다. 미국은 위대한 나라라고 하면서 미국을 반대하는 나라들을 확실히 압도하고 굴복시키겠다는 기질이 공통점이다. 미국을 확대하자는 명백한 의지를 가지고 있었다. 반면에 미국 국익과 별로 상관없는 유럽 문제에 대해서는 거리를 두었다. 트럼프 역시 아랍의 봄이라든지 러시아 민주주의에 관해서 관심이 없다. 중동 문제도 IS 퇴치만 집중하겠다고 한다. 그러면 시리아에서 민주주의를 요구하는 반군 세력이 외면당할 것이고 정부 세력을 지원하는 러시아의 영향력이 커질 수밖에 없다. 시리아 사태는 해결되겠지만, 많은 생명이 헛되이 희생되고 시리아에서 민주주의는 사라지게 될 것이다.

신상진 미국이 아시아에서도 개입을 줄여나가고 일본에 일부 역할을 맡기는 방향으로 갈 때, 중국이 그 공백을 파고들어 중일 간의 갈등이 좀 더 심화될 가능성은 없을까?

김준형 일본이 그런 사태를 조장할 수도 있다. 일본의 영향력을 높이기 위해서 중일 간의 갈등이 고조되어야 미국이 끌려오고 결과적으로 미국이 일본을 돕게 된다. 한일군사정보보호협정도 급히 밀어붙였고 특히 위안부 합의와 관련해서 뭔가 다른 현안들을 집어넣어 한꺼번에 퉁쳐서 마무리한 것 같다. 그래서 우리가 일본에 대해 아무 말도 못 하게 된 것은 큰 문제라고 본다. 정권이 바뀌면 이 부분은 외교적인 결례가 되더라도 이것저것 따져서 뒤집어야 한다고 생각한다.

고경빈 미국이 동아시아에서 퇴조하는 상황에서 한국과 일본의 핵무장에 대한 용인 가능성은 어느 정도인가?

김준형 일본과 한국이 핵무장을 하면 미국의 동북아 패권은 완전히 사라지게 된다. 동북아에서는 유럽과 달리 미국이 역내 국가가 아니다. 일본을 앞세우든지 돈을 적게 부담한다는 것은 고효율 저비용 유지의 차원이지 자기들이 이 지역을 떠나는 것은 절대로 하지 않을 것이다. 미국은 일본과 한국의 핵무장을 적극적으로 막을 것이다.

남기정 일본 엘리트들은 자기들이 미국보다 낫다고 생각한다. 전쟁에서는 물자싸움에서 졌을 뿐이지 전통적으로도 그렇고 외교에서 훨씬 더 앞선 국가였다고 생각한다. 그래서 올드 디플로머시(舊外交)

에서는 일본이 훨씬 경험도 많고 잘 해왔다고 자부한다. 일본 외교 관계자들의 이야기를 들어보면 미국 외교를 자신들이 가지고 논다는 식의 생각도 하고 있다.

김준형 현 정치 상황을 좋게 이야기한다면 우리는 위기상황에서 벗어날 기회이고 미국은 위기상황에 놓이는 것인데, 이것이 거꾸로 일 수도 있다. 한국과 미국의 국내정치가 불확실성에 빠지면서 한미관계와 북한 문제 모두 불확실성이 높아지고 있다. 최소한 향후 몇 개월간 우리에게 귀중한 기회의 공간이 열리는데 이를 적극적이고 주도적으로 활용해야 한다. 북한 문제를 비롯한 한반도 문제에 주도권을 다시 확보하고 미중 간 갈등에 휩쓸리지 않도록 치밀하고 기민한 외교를 전개해야 할 것이다.

4 중미 세력경쟁 심화의 배경

중국의 부상과 미국의 쇠퇴

토론일 2016년 10월 20일(목)

토론장소 평화재단 세미나실

발제 신상진

토론 김흥기, 고경빈, 조한범, 남기정, 이새롬

중미 세력경쟁 심화의 배경:
중국의 부상과 미국의 쇠퇴

중미 세력경쟁이 심화하고 있는 배경은 중국의 급격한 부상과 동시에 미국의 쇠퇴에 있다. 중국은 2020년 무렵이면 경제규모 면에서 미국을 추월할 것이다. 무역 규모는 이미 세계 1위이고 위안화는 국제기축통화의 지위를 얻었다. 이러한 경제력 성장을 바탕으로 군사비 지출 규모가 크게 늘고 있다. 연간 군사비 지출 규모에서 지난 5년 사이에 미국의 1/7 수준에서 1/3 수준으로 바짝 따라오면서 세계 2위를 차지했다. 앞으로 이 격차는 더욱 줄어들 것이다.

중국의 부상에 불안을 느낀 미국이 아시아재균형전략(Rebalancing Towards Asia)으로 중국을 포위하고 있고, 중국은 일대일로一帶一路 구상 아래, 중앙아시아를 거쳐 유럽으로 진출한다는 신新실크로드 경제벨트(One Belt)와 남중국해와 중동을 거쳐서 유럽으로 진출하려는 해양海洋실크로드(One Road)라는 출로를 개척하는 계획을 추진함으로써 미국의 압박에 대항하고 있다.

미국은 2020년까지 동아시아 지역으로 해외주둔 전력의 60%를 재배치하는 계획을 추진하면서 중국 주변국들과의 협력 관계를 강화하고 있다. 이러한 움직임에 대응하여 중국은 미국과 중국의 관계를 '신형대국관계新型大國關係'로 발전시키자고 제안했다. 상호 핵심이익을 존중하고 호혜공영 관계를 구축하자는 것이다. 그런데 중국의 일대일로 구상과 미국의 아시아재균형전략이 상호 핵심이익에서 충돌하여 미국이 용납하지 않고 있다. 이에 대해 중국은 주변국과의 관계를 굳건히 하여 포위망을 벗어나겠다는 전략 아래 아시아 안보를 역외 국가가 주도하도록 해서는 안 된다는 '아시아 신안보관'을 제창하며 세력을 규합하고 있다. 중국과 미국의 관계는 무역역조로 인한 갈등과 남동중국해와 한반도 문제 등에서 충돌할 가능성이 높다.

이러한 중미 간의 세력관계를 고려해볼 때 한국 외교는 네 가지 선택지를 고려해 볼 수 있다. 첫째 미국 중시의 한미동맹 강화, 둘째 중국 중시의 전략적 협력 확대론, 셋째 미국과 중국 사이의 균형외교, 넷째 국익우선의 명민외교明敏外交 노선이다. 이 토론은 이러한 선택지의 장단점과 강약점을 분석하고 중미관계와 한미동맹 관계를 고려하면서 우리의 외교전략 방향을 모색하는 데 중점을 두고 있다. 거시적 외교목표를 분명히 설정하여 주변 환경 변화에서 기회요인을 잘 살려내고 장애요인을 억제시키는 매우 유연하고 기민한 외교역량을 갖추는 방향으로 생존전략을 모색해야 할 것이다.

발제

중국경제의 급부상으로 중미 세력경쟁 가속화

중미 세력경쟁이 심화되고 있는 배경은 우선 중국경제가 급격히 성장하고 있다는 것이다. 미국은, 패권에 도전할 수 있는 유일한 경쟁 상대인 중국이 경제력 성장과 함께 군사력도 강화해 동아시아 지역에서 미국을 몰아내지 않을까 하는 우려를 하고 있다. 현재 미국의 GDP가 17조 달러이고 중국의 GDP는 10조 달러 수준까지 추격해 왔다. 중국은 이미 2010년 일본의 GDP를 넘어 세계 2위가 되었고 세계경제에서 중국이 차지하는 비중은 12% 정도다. 1978년 개혁개방을 시작할 때 중국이 세계경제에서 차지한 비중은 2%에 불과했다. 2019년과 2021년 사이 미국과 중국의 GDP 순위가 역전될 것이다.

중국의 무역액 규모는 2013년 이미 독일과 일본을 제치고 세계 1위가 되었다. 외환보유도 3조 2천억 달러로 다소 줄었지만 여전히 세계 1위이고, 2016년 10월부터는 국제통화기금(IMF)의 특별인출권(SDR) 통화바스켓에 달러, 파운드, 엔화, 유로화와 함께 중국인민폐가 포함되어 국제기축통화의 지위를 얻었다. 역사적으로 과거 영국의 세계 패권이 미국으로 넘어가는 출발점이 국제 금융시장에서의 힘의 변화에서 시작되었던 것을 고려할 때 중국이 앞으로 금융에서 휘두를 힘은 의미심장하다. 경제력으로 볼 때 중국은 미국과 거의 맞먹는 수준으로, 일부 분야에서는 미국을 추월하고 있다는 점에서 미국이 중국으로부터 많은 위협을 느끼고 있다.

군사력으로 보면 미국이 지출하는 군사비가 연간 5960억 달러로 압도적이나 중국도 1500억 달러 규모로 세계 2위이다. 2011년 미국 군사비는 7300억 달러인데 비해 중국은 1/7 수준인 1000억 달러에도 미치지 못했었다. 그러나 이후 중국은 경제성장과 더불어 국방비를 계속 늘려갔고, 미국은 재정악화로 2011년부터 2020년까지 매년 550억 달러씩 국방비를 줄이고 있다. 이에 따라 2015년 미국의 국방비 지출은 5960억 달러로 줄어든 반면 중국은 1500억 달러 수준으로 늘어나 양국 군사비 격차가 1/4로 줄어들었다. 이런 추세라면 2020년 무렵 양국 군사비 규모가 맞먹게 되리라는 전망도 가능하다.

병력은 중국이 230만 명으로 미국의 150만 명보다 많다. 무기면에서도 중국은 양적 질적으로 빠르게 성장하고 있다. 이미 많은 핵무기와 대륙간탄도미사일, 스텔스 전투기, 항공모함을 운용하고 있으며, 2020년까지 2대의 항공모함을 추가 건조할 계획이다. 2016년 중국은 유인우주선 신주神舟 11호와 우주정거장 천궁天宮 2호의 도킹에 성공해 기술능력을 과시했다. 미국이나 러시아의 우주정거장은 2024년까지 수명이 다하여 모두 퇴거할 예정인데 그 이후 이를 대체할 계획이 아직 없다. 결국 2024년부터 당분간 중국만이 우주정거장을 유지하는 나라가 될 것이다. 아직은 총체적 군사력에서 미국이 중국을 압도하고 있지만 중국이 경제성장과 함께 국방비 지출을 늘려가며 군사력을 강화하고 있기에 아시아에서 주도적 지위를 유지하려는 미국이 신경을 쓰지 않을 수 없는 상황이다.

갈등이냐 협력이냐? 미국의 아시아재균형전략과 중국의 신형대국전략

미국과 중국의 관계는 기존 패권국가와 새로 부상하는 신흥강대국 간의 관계로 볼 수 있다. 그래서 협력보다는 갈등관계가 부각되고 있다. 일각에서는 BC 5세기 무렵 아테네와 스파르타 간의 펠로폰네소스 전쟁과 같이 미국과 중국도 투키디데스 함정(Thuchi-diddesTrap ; 신흥강대국의 출현이 기존 패권국의 불안을 일으켜 결국에는 무력충돌로 치닫는 경향을 지칭하는 말)에 빠질 수 있다고 지적한다. 중국의 부상에 불안을 느낀 미국이 아시아재균형전략(Rebalancing Towards Asia ; 처음에는 '아시아로의 회귀' 라고 했다가 유럽과 중동 국가들의 반발로 아시아재균형전략으로 개명함)이라는 이름 아래 중국을 포위하고 있고, 중국은 일대일로一帶一路 구상에 입각해서 중앙아시아를 거쳐서 유럽에 진출하려는 신新실크로드 경제벨트(One Belt)와 남중국해와 중동을 거쳐서 유럽으로 진출하려는 해양海洋 실크로드(One Road)라는 출로를 개척해 미국의 압박에 대항하려는 싸움을 벌이고 있다는 것이다.

미국의 아시아재균형전략은 오바마 대통령이 2011년 10월 중동지역에서 전쟁을 일단락 지으면서 중국을 견제하기 위해 아시아 · 태평양에 미국의 군사력을 재배치한다는 구상을 발표한 데 따른 것이다. 구체적으로는 이 지역의 동맹관계를 강화하면서, 미국이 과거 중동과 유럽에 중점을 두었던 군사배치를 전환하여 2020년까지 해외주둔 전력의 60%를 동아시아 지역으로 재배치하겠다는 것이다. 미국은 동남아에 대한 개입을 본격화하여 베트남과 필리핀, 인도네시아 등과 관계를 강화하고 있다. 미국은 2011년부터 아세안 플러스1 정상회담(ASEAN+미국)을 개최하고 있으며, 동아시아 정상회의(EAS; ASEAN+한중일)에도 참여하고 환태평양경제동반자협정(TPP; Trans Pacific Partnership)을 추진하였다. TPP는 동아시아 경제 주도권을 중국에 뺏기지 않으려는 목적으로 추진한 것이다. 그러나 아태지역의 경제협력을 추진하는 데 중국의 참여 없이는 불가능하다는 점에서 미국 내에서도 TPP는 성공할 수 없고 어떤 측면에서는 미국의 아시아 운영전략에 장애가 될 수 있다는 주장도 있었다.
(* 미국은 미국 우선주의를 내건 트럼프 대통령 취임 직후 TPP에서 탈퇴했다.)

이러한 미국의 움직임에 대응하여 중국은 미국과 중국의 관계가 과거 미국과 소련의 관계처럼 상호 충돌 방향이 아닌 평화공존 방향으로 발전하는 '신형대국관계新型大國關係'를 제안해 왔다. 시진핑 주석의 이런 제안에 대해 미국은 100% 수용한다고 말하면서도 중국에 대한 견제의 의도에서 소극적으로 대하고 있다. 중국이 말하는 신형대국관계라는 것은 서로 충돌하지 않는 관계를 구축해 가자는 것이다. 중미 간 상호 핵심이익을 존중하고 상호 호혜공영의 관계로 나가자는 것이다. 중국이 주장하는 신형대국관계의 핵심이다. 그런데 중국의 일대일로 구상과 미국의 아시아재균형전략이 충돌하여 서로 핵심이익에서 갈등을 빚을 수밖에 없기 때문에 미국은 중국의 신형대국관계 제안을 수용하지 않고 있다. 그래서 중국 외교는 중미관계에 중점을 둔 과거의 패턴에서 벗어나 주변국에 더 신경을 쓰는 방향으로 바뀌고 있다.

중국의 대주변국 외교에는 친성혜용親誠惠容이라는 개념이 있는데 그것은 서로 친하게 지내자(親), 성의를 가지고 대하자(誠), 그리고 중국의 발전이 주변국에도 혜택이 되는 운명공동체나 이익공동체 관계를 건설하자(惠), 마지막으로 중국은 주변 국가를 압박하지 않고 포용하겠다(容)는 의미이다. 이렇게 주변국과 관계를 굳건히 하면 미국 포위망을 벗어날 수 있다는 전략이다. 2014년 시진핑이 아시아교류신뢰구축회의(CICA; Conference on Interaction & Confidence Building Measures in Asia)에서 '아시아 신안보관'을 제창했는데 그 핵심은 아시아의 안보를 역외 국가가 주도하도록 해서는 안 되며 아시아가 주도해야 한다는 것이다. 미국이 아시아 문제에 간섭을 하게 해서는 안 된다는 의미이다.

중국은 2017년 11월에 제19차 당 대회를 개최한다. 통상 중국 지도부는 5년 집권 이후 5년 연장하여 재집권하는 전통이 있는데 집권 2기 때는 1기 때보다 지도자가 자기 색깔을 본격적으로 드러낸다. 그래서 최근 마오쩌뚱과 덩샤오핑에 버금가는 권력기반을 구축한 것으로 평가 받는 시진핑 주석이 집권 2기에 들어서면 미국과의 관계에서 협력보다 충돌이나 마찰을 일으킬 가능성을 높게 보기도 한다.

중국과 미국 사이의 마찰은 무역역조로 인한 갈등과 사이버 안보, 그리고 새로운 국제규범 등을 둘러싸고 나타날 가능성이 높다. 지역 차원으로 남중국해와 조어도釣魚島; 센가쿠열도 등을 둘러싼 영토문제, 대만과 한반도 문제 등에서 중미 간의 충돌이 일어날 가능성이 높아 보인다. 특히 중미 교역에서 미국이 연간 약 3500억 달러에 이르는 적자를 보고 있기 때문에 중국에 대한 미국의 보호무역 정책이 강화될 것이고, 군사적으로는 중국을 겨냥한 미국의 미사일 방어(MD) 구축과 관련하여 한반도에 사드Thaad를 배치하는 문제가 갈등의 표면에 오르고 있다. 미국은 전보다 훨씬 강한 대중 강경책들을 펼칠 가능성이 높다.

향후 중미 간의 세력관계 추이를 간략하게 살펴보면, 중국의 경제성장률이 많이 둔화해 올해는 6% 수준으로 떨어진 반면 미국경제는 회복되고 있지만 여전히 중국의 성장률이 미국을 2~3배 앞지르고 있어 2020년 전후로 GDP 규모는 역전될 것이다. 군사적으로는 2020년까지 미국 해외주둔 해군과 공군의 전력을 아시아에

60% 정도 집중 배치한다는 계획이 진행될 것이고 이에 대해서 중국도 전략 항모와 미사일 전력을 강화하여 반접근지역거부(A2AD; Anti Access & Area Denial) 능력을 구축해 나감으로써 동아시아에서 상호 군비경쟁이 치열해질 것이다. 그러나 아직 군사력 측면에서 중국은 미국의 상대가 되지 않으며 군사동맹관계에서도 외로운 처지다. 전 세계 어느 지역에도 중국의 동맹국은 없다. 반면 미국은 전 세계에 58개 동맹국이 있다. 따라서 GDP의 역전에도 불구하고 군사력 면에서 중국은 상당 기간 미국의 상대가 되지 못할 것이다.

한국 외교의 네 가지 선택지

이러한 중미 간의 세력관계를 고려해볼 때 한국 외교는 네 가지 선택지를 고려해 볼 수 있다. 첫째, 미국 중시의 한미동맹 강화론이다. 둘째, 중국 중시의 전략적 협력 확대론이다. 셋째, 미국과 중국 사이의 균형외교 전략이다. 넷째, 국익우선의 명민외교明敏外交 노선이다.

첫 번째 선택지는 이명박 정부와 2016년 박근혜 정부가 선택한 전략이다. 한미동맹의 강화는 제일 쉬운 선택지다. 미국의 패권주의는 지속될 것이며 특히 역외 국가인 미국은 한반도에 대한 영토 야심이 없고 우리의 가치와 이념을 공유한다는 점이 그 이유다. 중국은 국력이 커질수록 지역패권 추구행동이 강화될 것인데 우리로서는 역외에 있으면서 우리와 가치를 공유하는 미국을 끌어들여 중국의 패권행동을 막아야 한다는 것이다. 한미동맹을 굳건히 할 때 비로소 중국이 한국을 얕잡아보지 않는다는 생각에서 당분간 한·미동맹에 안주하는 것이 쉽고 바람직하다고 보는 것이다. 그런데 문제는 시간이 흐를수록 미국보다는 중국으로 균형추가 기울어질 가능성이 높다는 측면에서 '장기적으로 이 전략을 추구하는 것이 바람직한가?'라는 문제가 제기된다. 또 한편으로 '미국이 동맹국인 한국의 이익을 언제까지 고려해 줄 것인가?' 하는 문제도 있다. 따라서 이 선택지는 가장 선택하기 쉬운 전략이지만 장기적 관점에서는 더 고려해야 한다.

두 번째는 중국이 중요하다는 선택지다. 동아시아에서의 세력관계가 변화하기 때문에 한미동맹에 안주할 것이 아니라 중국과의 전략적 협력의 폭을 확대하는 것이 우리가 살 길이라는 것이다. 장기적으로 미국은 쇠퇴하고 중국이 점점 미국을 역전하고 추월하는 상황에서 중국과 협력하는 것이 우리에게 바람직하고 또 북한 문제와 통일문제를 고려해서도 중국과의 협력이 절대적으로 필요하다는 것이 바탕이다. 그렇지만 이 선택지는 2020년대 중반 이후에나 고려해 볼 수 있는 전략이다. 또한 중국이 과거 30년처럼 앞으로도 빠른 성장을 유지할 수 있는가, 또 국력이 강화된 이후에도 중국이 계속 주변국에 평화외교를 추구할 것이냐라는 의문도 있다. 중국이 한반도의 통일을 용인하면서 북한을 포기할 것인가라는 문제도 여전히 불확실하다. 이 선택지도 많은 문제를 내포하고 있다.

세 번째 선택지는 등거리 외교로 볼 수 있다. 좋은 말로 균형외교라고 할 수 있지만, 등거리 외교를 수행하는 데 필요한 민첩하고 유연한 외교역량이 부족하다면 매우 불안한 선택지가 될 것이다. 그리고 한미동맹에서 우리가 균형을 잡아 등거리 외교를 하려는 것을 과연 미국이 받아들일 것이냐는 의구심이 있고, 때에 따라서는 우리가 미국으로부터 버림받을 위험도 있다. 또한 우리가 위험에 처할 때 중국이 우리를 도와줄 것이냐의 문제도 있다. 게다가 우리 내부의 좌·우파 간 논쟁으로 국내 정국이 늘 혼란에 빠질 수 있다는 점도 고려해야 할 것이다.

마지막 선택지는 상황 변화에 민활하게 대처하면서 우리 국익을 추구하는 외교 전략이다. 국익에 초점을 맞춰서 외교를 하자는 것이다. 2020년대 중반까지는 미국의 군사적 패권주의가 지속될 것이므로 안보문제는 미국과의 협력을 지속하고 경제분야는 중국이 큰 비중을 차지하기 때문에 중국과 협력을 중시하는 외교를 하자는 것이다. 결국, 상황별 이슈별로 긴밀하게 줄타기 외교를 하면 줄에서 떨어질 수도 있지만 곡예사가 긴 막대기를 가지고 균형을 잡아가듯이 국익이라는 지렛대를 기준으로 균형을 잡으며 줄타기를 해 보자는 것이다. 다자외교와 주변 관계를 활용하여 동북아 다자안보협력을 주도하는 외교를 추구하는 것이다. 이렇게 하려면 미국과 중국으로부터 동의 내지 묵인을 받아야 하는 문제도 있지만 무엇보다 우리 외교능력을 우선적으로 갖추어야 할 것이다.

결론적으로 당분간은 북한 핵 문제와 사드 배치문제 등 안보가 중요하기 때문에, 미국 중시의 첫 번째 선택을 주안점으로 삼으면서 네 번째 국익 중심의 능동적인 외교노선 선택지를 병행하는 전략이 바람직하다.

토론

조한범 중국의 부상은 상당히 과장된 용어다. 중국의 전략무기 기술 수준은 미국보다 상당히 낙후되어 있고 첨단무기의 운용 경험도 일천하다. 규모만 고려할 때 1/10 차이가 있더라도 운용 측면을 포함한 실제 전력 수준에서는 1/100 이상의 격차가 난다고 보아야 한다. 중국의 경제력도 양적으로 팽창하고 있지만 중국은 원천기술이 거의 없다. 원천기술은 미국이 85% 이상을 장악하고 있고 EU와 일본이 그 나머지를 보유하고 있다. 이런 구조적인 문제를 고려할 때 중국의 부상은 많이 과장되어 있다. 혹자는 중국을 종이호랑이 정도로 평가한다. 한편, 시진핑이 추진하고 있는 개혁도 사실 권력 투쟁의 성격이 있으며 중국 내부에서 사회·경제적 모순이 폭발할 경우 중국의 미래는 매우 불투명해질 것이다. 중국 현실에 대해 균형 있게 본다면 중국 부상론은 비관적이다.

고경빈 중국의 국력이 가까운 장래에 미국을 능가하지 못할 것이고 글로벌 차원의 경쟁에서 상대가 되지 못한다고 하더라도, 최소한 중국 주변의 지역적 차원에서는 미국의 파워를 거부할 정도의 힘은 갖출 것이다. 그 지역 내에서는 미국보다 중국의 힘이 우위에 있을 것이며 소위 중국의 세력범위(Sphere of Influence)는 조금씩 커질 것이다. 우리는 공교롭게 그 언저리에 위치해 있어 중미 사이에 끼어 있는 우리의 전략적 고민은 여전히 유효하다고 본다.

조한범 이런 상황에서는 결국 네 번째인 헷징Hedging 전략을 선택해야 할 것이다. 우리가 남북관계의 주도권을 확보하고 미국과 중국 사이에서 헷징할 수 있는 공간을 확보한다면, 미국과 중국 둘 다 우리를 필요로 할 것이기 때문에 우리 외교의 자율성이 커질 것이다. 이런 차원에서 우리는 파격적인 방식으로 남북관계에 대한 투자를 검토해야 한다. 북한과 주고받는 손익계산 차원이 아니라 파격적 방식으로 북핵 문제든 북한 주민에 대한 정책이든 투자하고 개입해야 한다. 그래야 미국과 중국에 대한 외교에서 힘을 갖출 수 있을 것이다.

남기정 동아시아를 과도하게 미중 사이 대립 현장으로만 보는 것은 문제가 있다. 분명히 중국의 부상과 미국의 견제라는 현상은 있지만 전쟁 불가피론을 수반했던 과거의 미국과 소련 간의 관계에 비하면 현재 중미 관계는 평화 공존에 가깝다. 일본도 중미 관계를 중요하게 보고 있지만 한국처럼 G2 중심의 세계관에 매몰되어 있지는 않다. 주변 외교환경 변화를 분석한 기초 위에서 외교 대응방안을 찾는 것이 보통의 접근방법이다. 그러나 더 나아가 이것을 거꾸로 뒤집어서 먼저 목표를 정하고 이 목표를 추구하는 데 주변 환경 변화에 어떤 기회요인과 도전요인이 있는지 파악해서 대책을 마련하는 접근방법을 제안하고 싶다. 이런 시도를 해보면 좀 더 다양하고 풍부한 선택지를 만들 수 있을 것이다. 우리가 중국을 종이호랑이라고 인식하면 한국전쟁 때처럼 큰 코 다칠 수 있다고 본다.

신상진 중국에서는 미국의 동아시아 전략 차원에서 일본을 보는 시각이 크다. 미국세력이 쇠퇴하고 독자적으로 지역주도권을 확보하기 어려워서 미국이 중국과 경쟁하는 일본이나 인도를 활용하는 전략을 구사한다고 보고 있으며, 일본도 나름대로 이러한 미국의 전략을 활용하고 있다고 보고 있다. 중국이 미국과 러시아, 유럽에 대해서 신형대국관계라는 말을 쓰지만 일본에 대해서는 그런 말을 쓰지 않으며 일본을 미국의 앞잡이라 보는 시각이 대부분이다. 러시아와는 전통적으로 경쟁자이자 잠재적 적대관계이지만 현 국제정세 아래에서는 협력할 수밖에 없는 관계다.

김형기 중국이 동맹이 없다고 하지만 비동맹 원칙을 견지한다는 것 자체가 일종의 반패권주의 동맹의 성격이 있다고 볼 수 있다. 또 중미 관계가 어느 때는 협력요소가 강조되고 어느 때는 경쟁요소가 강조되기도 하는데 이러한 흐름의 주도권을 어느 쪽이 잡는가도 중요하다.

신상진 1979년 국교정상화 이후 중미 관계는 미국이 주도하고 중국이 따라가는 형국이었다. 시진핑이 집권하고부터는 중국이 미국에 먼저 외교담론을 제시하는 등 주도권을 행사하기 시작했다고 보는 시각도 있지만, 아직 한계가 있으며 여전히 주도권은 미국에 있다고 봐야 할 것이다. 미국 대통령선거 과정에서 중국 때리기 현상이 나타났다. 대선주자들은 중국 때리기로 표를 얻는다. 그러나 일단 집권하고 나면 대개 중국과의 협력 필요성을 인정하고 분위기를 바꾸는 것이 보통이다. 그러나 오바마의 경우 반대로 2009년 집권하자마자 중국을 방문하는 등 협조관계를 추구하다가 2010년 집권 후반기로 넘어오면서 중국과의 관계가 틀어지는 양상을 보였다.

고경빈 미국의 아시아재균형전략은 중국의 부상 때문이라고 하지만 오바마가 2011년 빈 라덴을 사살함으로써 테러와의 전쟁을 종식시키겠다는 공약을 달성한 것이 계기가 되었다. 부시가 저질러 놓은 부정적 유산을 정리한다는 차원에서 새로운 글로벌 군사전략을 제시하였다. 그러나 테러와의 전쟁이 깨끗이 정리되지 못했고 이슬람 국가 테러단체 IS가 새로 대두하였으며 아프가니스탄은 아직도 내란 중이다. 재정 적자로 불가피하게 해외군사개입을 줄여야 하는 미국이 과연 중동보다 아시아를 우선해서 전력의 60%를 재배치한다는 계획을 실천할 수 있을지 의문이다.

신상진 2008년 금융위기가 시작되면서 집권한 오바마는 부시가 저지른 전쟁의 상처를 마무리하고 중동에서 어떻게든 발을 빼려 했고, 미국경제에 유럽보다 아시아의 중요성이 점점 높아지고 있기 때문에 아시아재균형전략을 내놓았다. 중국은 중국대로 미국이 쇠퇴의 길에 들어섰다고 생각하고 주변국을 압박하며 남중국해에서 힘을 확장하였고 한국에 대해 천안함 사건을 계기로 윽박지르는 행태까지 보이며 힘을 과시하고 있다. 그러나 이것을 중국의 위협으로 받아들인 아시아 국가들은 다시금 미국 쪽으로 시선을 돌려 중국의 패권을 막기 위해 미국의 군사적 협력을 요구하고 있다. 베트남과 필리핀 등이 미국에 군사기지를 제공하는 등 아시아재균형정책의 추진 동력이 되고 있다.

김형기 그런 과정을 통해서 중국이 주변국을 윽박지르며 힘을 과시하면 오히려 미국의 개입을 초래한다는 교훈을 얻었으리라고 본다.

당분간은 북한 핵 문제와 사드 배치 문제 등
안보가 중요하기 때문에
미국 중심의 첫 번째 옵션을 주안점으로 삼으면서
국익 중심의 능동적인 외교노선 선택지를
병행하는 전략이 바람직하다.

북방외교를 전략적으로 추진했던 노태우 정부는
정해 놓은 외교 목표를 지향하면서 외교환경 변화나
돌발적 사태마저도 기회로 만드는 노력을 했다.
그처럼 최근 서해에서의 중국 어선 문제도
보다 전략적 시각으로 관리할 필요가 있다.

신상진 중국은 대미 관계도 중요하지만 주변국 관계를 안정적으로 유지하는 것이 긴요하다는 입장에서 주변국 외교정책을 수립하였다. 그럼에도 내부에서는 중국의 힘이 세지면서 민족주의자들의 목소리가 커지고 지도자가 강경한 외교를 선호하는 경향이 높아지고 있다.

고경빈 중국은 외교적 힘이 세짐에 따라 패권 욕심이 살아나는 것 같다. 중국의 대주변국 외교 4원칙과 1950년대 주은래가 천명한 평화외교 5원칙을 비교하면 재미있다. '친親'은 친하게 지내자, 싸우지 말자니 '불가침'이고, '성誠'은 성실히 상대를 존중한다는 것이니 내정불간섭이고, '혜惠'는 평등호혜이며, '용容'은 용납한다는 평화공존이라고 이해하면 주은래의 5원칙에서 영토주권 존중이 빠졌다고 볼 수 있다.

신상진 영토문제와 관련하여 중국의 머릿속에는 대만을 통합시킨 뒤 남중국해, 나아가 몽골까지 최종적으로 통합해야 할 지역으로 생각하고 있다. 국력이 커짐과 동시에 영토회복 욕심을 노골화하는 것도 그 때문이 아닌가 싶다.

고경빈 우리는 아직 중국과 서해경계선을 확정하지 못하고 있다. 이어도를 포함한 배타적 경제수역(Exclusive Economic Zone) 문제인데, 중미 갈등구조 속에서 어쨌든 우리가 미국의 힘을 조금이라도 활용할 수 있을 때 서해경계선, 한중 해양협정 문제를 적극적으로 추진해야 한다. 중국의 힘이 더욱 세지기 전에 타결지어야 한다.

김형기 그 문제는 차기 정부의 정책과제 중 하나로 부각시켜야 한다. 중국과 해양경계선에 대한 협정을 중국이 더 강해지기 전에 신속하게 결정하는 것이 유리하다.

신상진 덩샤오핑은 해양경계선 문제로 일본과 협상할 때 분쟁대상인 조어도 문제에 대해서, 후대에 해결을 맡겨두고 당분간 일본과 싸우지 말고 현 상태를 유지하자고 합의했다. 그러나 점차 세력이 커지자 이제는 영토문제에 대해 강하게 목소리를 내고 있다. 시간이 갈수록 중국의 힘이 세지면서 결국에는 주권을 찾겠다는 생각이다.

고경빈 북방외교를 전략적으로 추진했던 노태우 정부는 정해 놓은 외교 목표를 지향하면서 외교환경 변화나 돌발적 사태마저도 기회로 만들려고 노력했다. 중국 민항기가 춘천에 불시착했을 때 단순히 인도적 차원에서만 처리하지 않고 한중 수교라는 목표 아래 대단히 조직적으로 움직였다. 그처럼 최근 서해에서의 중국 어선 문제도 보다 전략적 시각으로 관리할 필요가 있다.

남기정 아베를 둘러싼 일본의 정치경제학자들은 대부분 신자유주의자들이며, 아베노믹스를 성공시키려면 미국 주도의 환태평양동반자협정(TPP ; Trans Pacific Partnership)이 중요하므로 TPP를 성공시키는 쪽으로 움직인다. 그러나 일본 기업들은 글로벌 계획이 있으니까 아베노믹스를 중국 주도의 역내 포괄적 경제동반자협정(RCEP; Regional Comprehensive Economic Partnership)과 융합시키는 게 필요하다고 생각한다. 또 언젠가는 그것들을 연결시킨다는 그림을 가지고 있는 것 같다. 아시아·태평양 자유무역지대(FTA)를 이야기하고 그 중간 단계로 한중일 FTA 같은 것도 고려하고 있다고 한다.

신상진 미국 재계는 환태평양동반자협정(TPP)에 대해 좀 회의적으로 돌아섰다. 아시아 국가 중에도 필리핀은 빠진다고 했고 베트남도 요즘에는 부정적이어서 추진동력이 약화되었다. 필리핀의 두테르테가 중국을 방문하고 시진핑과 정상회담을 했다. 중국이 그동안 필리핀에 경제적 압박을 가해왔는데 필리핀이 두 손을 든 것으로 볼 수 있다. 반면 미국과는 마약소탕 등 인권문제 갈등으로 소원해지면서 필리핀이 중국과 협력하는 쪽으로 돌아선 것 같다.

이새롬 G2라는 용어 자체가 미국이 쓰고 있는 말이지, 사실 역사적으로 유라시아 국가에서는 그런 개념을 쓰지 않았다고 한다. 우리가 세계 시장에서 길을 찾을 때는 새로운 패러다임을 고민해야 한다. 예전의 중화사상까지는 아니지만 중국이 어떻게 아시아 질서를 수립해 나가려고 하는지 지켜보면서 동아시아 나라의 발전을 모색해야 한다. 미국이 여전히 중요하고 힘이 가장 세지만 우리에게 중국은 미국보다 훨씬 가까운 거리에 있기 때문에 상대적으로 군사, 경제, 문화적으로 더 많은 영향을 받게 된다. 어차피 우리는 아시아에 뿌리를 내리고 활로를 찾아야 한다고 본다.

김형기 북한이 1950년대와 1960년대 중반까지 중국과 소련 사이에서 어떤 식으로 외교를 했는지 잘 살펴볼 필요가 있다. 자주와 주체사상이란 말이 그때 나왔다. 당시 북한의 움직임을 살펴보면 현재 당면한 문제를 풀어나가는 교훈을 찾는 데 시사점을 얻을 수 있을 것이다.

신상진 중국의 성장전략이 성공적으로 추진될 것인지에 대해서는 논란이 있다. 중국의 지역균형 발전, 특히 티벳과 신장위구르 지역 등 서부지역 개발이 성공하려면 정치사회 안정이 필요하지만 아직 해당 지역은 불안정하다. 중국 재정에서 국방보다도 사회치안과 안정 유지에 소요하는 예산이 더 많다. 연간 우리 돈으로 200조 원 이상이다. 엄청난 예산을 사회 안정 유지에 투입하고 있다.

김형기 끝으로 많은 변수가 있겠지만 우리 입장에서 볼 때 중미관계가 협력관계로 나아가는 것이 유리한지 아니면 갈등관계로 나아가는 것이 더 많은 기회를 만들어 줄 것인지를 정리해 보자.

신상진 반드시 중미관계가 어떠해야 우리에게 도움이 된다고 하기는 어렵다. 중미가 협력관계가 된다면 우리의 운신의 폭이 넓어질 것이라고 볼 수도 있지만, 그럴 경우 중미가 밀실에서 결탁하여 한반도 문제를 우리 의사와 관계없이 처리해 버릴 위험도 있다. 반대로 중미 갈등관계가 깊어지면 한국을 상대로 서로 자기편으로 만들기 위한 경쟁을 벌일 수도 있겠지만, 오히려 우리의 운신의 폭을 제약하는 심한 압박을 가할 수도 있을 것이다. 결국 우리가 전략적으로 매우 유연하고 기민한 외교역량을 갖출 수밖에 없다.

5 재기하는 일본과 한일관계

토론일 2016년 11월 4일(목)

토론장소 평화재단 세미나실

발제 남기정

토론 김형기, 고경빈, 조한범, 이새롬

재기하는 일본과 한일관계

일본의 보수, 우경화 움직임은 단순하지 않다. 일본의 좌우 정치 매트릭스는 두 가지 기준에 의해서 네 가지 카테고리로 나눌 수 있다. 두 가지 기준은 미국과 헌법에 대한 입장이다. 전자는 자주와 동맹에 관한 것이고, 후자는 개헌과 호헌에 대한 것이다. 이로써 네 가지 스펙트럼, 즉 호헌과 자주국방, 호헌과 미일동맹, 개헌과 자주국방, 개헌과 미일동맹이 만들어진다.

우리가 잘 알고 있는 일본의 정치적 현실주의자들은 '개헌과 미일동맹'이나 '개헌과 자주국방' 입장에 있다. 흔히 일본의 우경화라고 하면 '개헌과 자주국방' 입장의 국가개조론자에게 다른 입장들이 끌려가는 것이라고 볼 수 있지만 사실 일본의 변화는 '개헌과 미일동맹' 입장에 있는 현실주의자들이 끌어가고 있다. 아베도 자주국방을 얘기하지만 행동은 미일동맹 강화에 있다. 이것은 보수화라고 할 수는 있어도 우경화와는 거리가 있다.

아베의 안보정책 역시 아베노믹스처럼 세 개의 화살이 있다. 첫째 적극적 평화주의 아래 전수방위 개념에서 벗어나는 것, 둘째 개헌의 방법을 포함해서 군사적 보통국가를 만드는 것, 셋째 미일동맹을 일체화하여 미군이 가는 곳에 자위대도 간다는 의지가 바로 그것이다. 그러나 일본의 군사대국화나 보통국가화는 여론과 재정, 인구문제라는 제약으로 환상일 수 있다. 그래서 오히려 안보가 아니라 외교의 변화에 주목해야 하고 이것이 중요한 관전 포인트가 된다고 생각한다.

일본은 그동안 역사적 배경을 고려해서 국제분쟁에서 군사적 역할은 하지 않으면서 대규모 해외원조(ODA)를 조용히 해왔는데 이제는 이런 외교 자산을 적극 활용해서 공세적 외교를 하고 있다. 미일동맹을 일체화하여 '미일동맹과 호주', '미일동맹과 인도'를 연결하는 방식의 외교를 전개하는 한편, 북한이나 러시아와의 독자 관계 설정에도 골몰하고 있다. 러시아와의 평화조약과 북한과의 관계 정상화는 전후 일본 외교의 발목을 잡고 있었던 숙제로, 이것이 풀린다면 일본 외교의 운신의 폭이 크게 자유로워질 것이다. 아베는 임기 동안에 개헌보다도 전후 일본 외교의 숙제를 풀어 동아시아에서 독자적 영역을 구축하려 하고 있다.

한국 외교에서 일본의 의미는 크다. 일본은 동아시아 휴전체제를 함께 극복해야 할 파트너이며 한국 민족주의의 질곡을 극복해야 할 대상이다. 우리는 평화를 키워드로 통일 한반도 국가 건설을 최종 목표로 삼으면서 '한반도의 평화 공존, 동아시아 평화공동체 구축, 지구적인 생태평화 문명전환'이라는 세 가지 평화를 동시에 추구하며 전략을 짜야 한다. 남북 분단의 극복과 식민지 유제 청산은 한국의 역사적 과제이므로 이를 풀어가야 하는 한국, 북한, 일본이 이루는 삼각형의 안정화가 핵심이다. 한국은 남북관계와 한일관계를 축으로 만들어지는 복수의 삼각형을 조정하면서 동아시아 지역주의를 만들고 그걸 토대로 한반도의 통일환경을 조성하는 외교를 해나가야 한다.

먼저 한일관계를 축으로 안정화시키는 게 가장 편하고 우리가 할 수 있는 일이므로 한일을 근간으로 한미일, 한중일의 삼각형으로 균형을 잡아야 한다. 그 다음에 러시아를 끌어들여 유라시아로, 아래로는 아세안으로 확장하여 한반도의 지정학적 가치를 역이용하는 대전략을 모색해 보자.

한일 양국은 민주주의와 시장경제라는 가치와 비핵 평화라는 시민의식을 공유하고 있다. 일본과의 협력은 동아시아의 다른 어떤 나라보다 많은 이점이 있다. 한일관계 악화의 본질은 독도, 위안부, 교과서 문제 등 미해결의 역사문제에 있는데 이러한 역사전쟁에 있어서 '휴전 선언'을 검토하자. 현실의 안보문제라든가 미래로부터의 도전에 공동 대처해가면서 협력의 영역을 넓히면, 역사문제에 대한 인식에도 진전이 있을 것이며 동아시아 정전협정체제 해소를 통해 아시아 지역평화를 구축하는 데도 기여하게 될 것이다.

발제

동아시아에서 일본의 국제적 위상

일본이 동아시아에서 조금씩 존재감을 드러내며 과거와 다른 국제정치 위상을 보이고 있다. 특히 아베 총리 집권 이후 매우 성공적으로 지난 시기의 정치, 경제, 외교의 실패에서 벗어나고 있다.

첫째, 장기불황 터널을 벗어나면서 아베노믹스가 성공했다고 평가받아 일본 국민의 지지를 받고 있다. 둘째, 안보정책에서도 과거의 소극적이고 수동적인 자세에서 벗어나 적극적 평화주의라는 이름으로 미일동맹을 확대 강화하고 동아시아에서 독자적인 외교 영역을 만들고 있으며, 특히 러시아나 북한과의 관계에서 주목할 만한 주도력을 확보해 나가고 있다. 이런 사안을 주도하는 아베에 대해 국민들이 전폭 지지하고 있기 때문에 이제 주변에 아베의 라이벌이 없을 정도로 장기 집권의 전망도 보인다.

이러한 일본의 변화에 대해서 우리는 두 가지 극단적인 관점을 가지고 있다. 하나는 과거 1970~1980년대처럼 리버럴했던 잠재적 성향이 아베에 대항하는 힘으로 다시 등장할 것이라는 기대이며, 그 다음은 일본의 보수 우경화 경향이 더욱 굳어질 것이라는 인식이다. 그러나 현실은 이런 두 극단 사이에 존재하며 변화해 가고 있다고 생각한다. 여기서 주목할 것은 변화의 내용보다는 변화의 속도다.

사실 변화의 내용은 일찍이 민주당 시절에도 논의되었던 것으로 당시에는 시기상조로 여겨졌는데, 최근 내·외적 계기를 타고 실현되고 있을 뿐이다. 한편으로는 지금의 변화라는 것이 장기적인 역사적 계기들이 밑에 있어서 아베의 변화가 꼭 아베이기 때문에 일어난 변화도 아니고, 아베가 끝나면 끝날 변화도 아닌 것이다. 이런 측면을 우리는 보통 우경화 프레임으로 보고 있다. 반면 일본 전문가들 중에는 '리버럴한 일본으로의 회귀'를 기대하며 일본 안에 아베에 저항하는 사람들에 주목하고 희망을 걸기도 한다. 그러나 두 가지 모두 현실적인 인식이 아니다.

지금의 일본이 우경화 프레임으로 보이는 것은, 과거 복지국가의 외양 아래 두툼한 중산층이 존재했는데, 1990년대 이후 일본이 세계화에 적응하는 데 실패하고, 국가가 강조되는 분위기가 팽배해지고 있는 것을 강조하는 시각이다. 공동체의 이상을 강조한다는 점에서 우익과 친화적인 담론이 유행하고 있는 것은 사실이다. 이러한 담론은 헌법 개정을 요구하는 데까지 나아갔는데, 자주헌법은 미일동맹에서 벗어난 것이기 때문에 자주론자와 동맹론자 사이에 전선이 형성되고 있다. 그런 의미에서 우경화 움직임은 단순하지 않다. 일본의 좌우정치 매트릭스는 두 가지 기준으로 파악해 볼 수 있는데 하나는 미국에 대한 입장이고 둘째는 헌법에 대한 입장이다. 전자는 자주와 동맹에 관한 것이고, 후자는 개헌과 호헌에 대한 것이다. 이 두 가지 기준으로 네 가지 정치적 스펙트럼이 만들어지는데 호헌과 자주국방, 호헌과 미일동맹, 개헌과 자주국방, 개헌과 미일동맹이 그것이다.

일반적으로 일본의 우경화라고 하면, '개헌과 자주국방' 입장에 있는 국가개조론자들에게 다른 입장들이 끌려가는 것이라 볼 수 있다. 그러나 현재는 '개헌과 미일동맹' 입장에 있는 정치적 현실주의자들이 변화의 중심에 있다. 아베도 자주국방의 목소리는 내지만 미일동맹을 강화하는 방향으로 행동하고 있다. 굳이 표현하면 보수화라고 할 수는 있어도 우경화와는 다소 거리가 있다.

공격적 현실주의로 방향을 선회한 일본의 외교전략

우경화와 다른 보수화라는 것을 조금 더 개념화해서 이야기하자면 외교·안보정책의 근간인 국제질서관이 변화하고 있다.

자유주의(Liberalism)에서 현실주의(Realism)로 크게 이동했고, 현실주의적 영역 안에서 중상주의적 현실주의(Mercantilism)에서 권력정치적 현실주의(Realpolitik)로 이동한 뒤, 다시 권력정치적 현실주의의 영역 안에서 방어적 현실주의(Defensive Realism)에서 공격적 현실주의(Offensive Realism)로 이동하고 있다. 공격적 현실주의는 중국의 부상에 대해 어떻게든 대항해야 한다는 인식을 포함하고 있다. 이러한 안보정책의 변화를 아베노믹스Abenomics처럼 아베큐리티

Abecurity ; Abe's security로 개념화해 보았다. 아베노믹스가 세 개의 화살[1)]을 갖고 있는 것처럼, 아베큐리티에도 세 개의 화살이 있다. 첫째 적극적 평화주의 아래 전수방위 개념을 벗어나는 것, 둘째 개헌을 포함해서 군사적 보통국가를 만드는 것, 셋째 미일동맹 안에서 미국과 일체화하여 미군이 가는 곳에 자위대도 간다는 의지가 바로 그것이다.

아베큐리티는 새로운 것이 아니다. 현 아베 내각 직전 민주당 정부 시절인 2010년 '방위계획대강'에서 방향을 정하고 시도했던 동적動的 방위력 개념의 연장이다. 아베큐리티의 특징은 변화의 속도와 방위비 증가 등 양적 변화에 있다. 질적인 변화는 이미 민주당 정부가 시도했다. 아베는 그 방향을 계승하여 속도를 높여 현실화시키겠다는 것이다. '방위계획대강'은 최소 5년, 길면 10년을 내다보는 계획이다. 그런데 아베 취임 첫 해에 이것을 개정했다. 기존 방위계획대강을 답습하되 미일동맹에 따라 민첩하게 움직일 수 있도록 통합적인 기동방위력 개념으로 속도감 있게 추진했다. 이런 의미에서 아베큐리티는 국가개조론자들이 주장하는 자주방위와는 거리가 있다. 오히려 자주방위는 구호에 그치긴 했지만 과거 민주

---

1) 세 개의 화살 : 2012년 10월, 일본 경제의 침체와 저성장 함정을 벗어나기 위해 채택한 경제회복 정책으로 금융정책을 통한 양적 완화, 정부재정 지출의 확대, 공격적인 성장전략의 세 가지 정책을 말한다.

당이 지향했던 것이다.

아베큐리티의 3가지 제약

아베큐리티도 제약이 있다. 우선 여론이 만만치 않다. 개헌에 대한 지지 여론이 늘어나는 만큼 이를 견제하는 여론도 만만치 않다. 개헌이 현실정치의 가시적 목표가 되자 아베도 일방적인 추진을 벗어나 각 정파의 의견을 수렴하겠다고 다소 누그러진 자세를 보이고 있다. 반대 세력이 결집할 수 있기 때문이다. 개헌 논의도 안보 관련만이 아니라 국민의 기본적 인권이나 민주적 가치 등에 대한 조항을 둘러싸고 다양하게 확대되고 있다.

2015년에 안보 관련 법안들을 국회에서 통과시킴으로써 사실 개헌을 통해 얻으려던 것을 이미 얻었다고도 볼 수 있다. 따라서 국민적 반대를 무릅쓰고 개헌을 밀고 가겠다는 생각은 과거에 비해 그리 강하지 않다.

둘째는 재정문제다. 인구문제와도 연계된 것인데 사회보장비가 기하급수적으로 늘어 재정에 구조적 한계가 있는 상황에서 군비의 대폭적인 증강은 거의 무망한 상황이다. 따라서 일본은 미일동맹을 더욱 중요시하게 되었고, 증액된 방위비도 내역을 보면 자체 군비 증강에 쓰이는 것도 있지만 민주당 정권 때 상당히 줄여놓았던 미군 재편 경비나 미군기지 유지비 등이다. 우리가 생각하는 위험한 쪽의 변화로 보기에는 어려운 부분들이 있다.

셋째는 인구문제다. 일본의 인구구조를 보면 18~26세 인구가 급감하여 사병으로 입대 가능한 인구가 부족한 상황이 되었다. 그래서 지금의 능력을 발휘하는 자위대를 유지하려면 일반 사병을 줄이고 간부를 늘릴 수밖에 없다. 간부 중심의 자위대로 변환한다는 것은 인건비 증가가 불가피하며 결국 아베큐리티에 제약을 주게 된다. 따라서 일본의 군사대국화나 보통국가화라는 것은 여론과 재정, 인구문제라는 제약이 있기 때문에 환상일 수 있다. 그래서 오히려 안보보다 외교의 변화에 주목해야 한다.

일본의 지구본 외교전략

2~3년 전부터 일본 외교를 '지구의地球儀를 부감俯瞰하는 외교', '지구본 외교[2]'라는 말로 표현하고 있다. 실제로 아베는 굉장히 바쁘게 돌아다녔다. 역대 총리들은 보통 내치를 중심으로 하고 외교는 그렇게 열심히 하지 않았는데 아베는 달랐다. 일본은 역사적 배경도 있어서 동남아 등지에서 꼬리표를 달지 않는 대규모 원조(ODA)를 조용히 해왔는데 이러한 외교자산을 적극적으로 활용하자는 것이 일본 외교의 두드러진 변화다. 또 미일동맹과 함께 일본 외

2) 지구본 외교 : 남기정 교수의 번역

교를 확장하여 '미일동맹과 호주', '미일동맹과 인도'라는 방식으로 전개하기도 한다. 중국과 미국 사이에 끼어 운신의 폭이 좁은 동남아 국가들은 일본을 통해 대미외교를 실행하고, 미국은 일본을 통해서 동남아 각국과 관계를 유지 확대하는 것이 편리하다는 판단도 있어서, 미일동맹이 동남아에서 환영받고 있는 상황이다.

나아가 일본은 미국 눈치를 보면서도 러시아와의 관계를 어떻게 새로 짤 것인가를 구상하고 있다. 러시아와의 평화조약, 북한과의 관계 정상화는 전후 일본 외교의 발목을 잡고 있는 숙제인데 이것을 풀면 일본 외교의 운신 폭이 크게 넓어질 것이다. 아베는 임기 동안 개헌보다 일본 외교의 남은 숙제를 다 풀고, 동아시아에서 미국과 거의 동등하거나 그와 유사한 다른 결로 독자적 영역을 구축하려는 것으로 보인다.

이러한 상황을 고려하여 향후 한일관계를 구상해가야 한다. 한국 외교에서 일본의 의미는 크다. 첫째 일본은 동아시아 차원에서 형성된 휴전체제 또는 정전체제를 함께 극복해 가야 할 파트너이며, 둘째 한국 민족주의의 질곡을 극복해야 할 대상이기 때문이다. 전후 한국과 일본은 미군의 역할을 매개로 전장국가戰場國家와 기지국가基地國家의 관계를 형성하고 있다. 이에 주목하면 한일관계는 한반도와 동북아 지역에 형성된 휴전체제를 극복하는 통로가 될 수 있다. 한편 한일관계는 한국 민족주의에서 나타나는 근대화 민족주의와 자주화 민족주의의 상쇄관계相殺關係를 상생관계相生關係로 극복하는 통로로 존재한다. 이와 같이 한국 외교에 일본이 크게 작용하고 있다는 것을 고려하면 우리는 일본과의 관계를 매우 중요하게 고민해야 한다.

통일을 위한 한국의 일본 외교 방향

우리 외교는 평화를 키워드로 통일 한반도 건설을 최종목표로 삼아 '한반도의 평화공존, 동아시아의 평화공동체 구축, 지구적인 생태평화 문명전환'이라는 목표를 연계하여 추구하는 전략을 짜야 된다. 남북분단의 극복과 식민주의의 청산은 한국의 역사적 과제이며, 남북관계와 한일관계를 안정화하고 긍정적으로 극복하는 문제는 한국 외교 대전략의 핵심 전선이다. 그래서 남북관계와 한일관계를 축으로 만들어지는 복수의 삼각형을 조정하면서 동아시아 지역주의를 만들고 이를 토대로 한반도의 통일환경을 조성하는 외교를 해나가야 한다. 먼저 한일관계를 안정화시키고 미국과 중국을 하나씩 이어서 한미일 삼각형과 한중일 삼각형으로 균형을 잡은 후 러시아를 포함한 유라시아로 나가는 상상이 필요하다. 또 일본을 통로로 아세안으로 진출하여 갈등하는 미중관계를 중화시킬 수도 있다.

현재 한일관계는 갈등도 커지고 협력도 커지는 모양새다. 갈등을 관리하면서 협력을 키워가야 한다. 한일 양국은 민주주의와 시장경제라는 가치와 비핵 평화의 시민의식을 공유하고 있다. 일본과의 협력은 역사적 전제가 있긴 하지만 미래 과제를 상정할 때 동아시아의 다른 어떤 나라보다 우리에게 많은 이점이 있다. 이를 일부러 낮게 평가할 필요는 없다.

한일관계 악화의 본질은 독도, 위안부, 교과서, 야스쿠니 문제 등 미해결의 역사문제에 있다. 독도 문제와 관련해서 우리의 '주장하는 외교'가 오히려 일본에 도움을 주기도 한다는 점을 고민해야 한다. 일본의 영토문제는 역사적 기원이나 국제법적 성격이 모두 다른데 이러한 미묘한 점을 무시하고 모두 일본의 영토 야욕이라고 묶어 대응하는 것은 문제다. 일본은 오랫동안 독도 문제와 이른바 '북방영토' 및 센카쿠 문제를 각각 다른 것으로 인식하고 교과서에도 그렇게 기술해왔는데, 10년 전부터 우리의 '주장하는 외교'의 영향으로 독도 문제와 '북방영토' 문제를 같은 것으로 엮기 시작했다. 만일 러시아와의 교섭에서 북방 영토문제가 해결되면 일본은 같은 방식으로 독도 문제를 제기할 가능성이 있다. 위안부 문제를 살펴보자면, 정부는 일단 위안부 합의 이행의 '강행'을 '중단'하고, 위안부 지원단체는 '파기 요구'보다는 '조건부 수용'으로 선회해야 한다. 일본 총리의 직접 사죄와 실질적 배상의 확보, 소녀상 문제에 대한 일본 측의 언급 중단 등을 요구하는 전방위 대일외교의 과제로 넘겨야 할 것이다. 교과서와 야스쿠니 문제 등 한일 간 역사문제에 대해서 '휴전 선언'을 검토할 필요가 있다. 현실적인 안보문제라든가 미래로부터의 도전을 함께 해결해가면서 협력의 영역을 넓히면 역사문제에 대한 인식도 진전된다는 접근법을 채택해야 한다.

동아시아 평화를 위한 한일 협력은, 이제는 '안보협력'이 아니라 '평화구축을 위한 협력'이라는 개념으로 전환하고, 한일의 협력과제로서 동아시아 휴전협정체제를 해소하는 것이 모두에게 이익이 된다는 점을 강조해야 한다. 그래서 두 나라 정상이 함께 동아시아의 평화 리더로 거듭나는 노력을 해야 한다. 한일안보협력은, 중국이나 북한 등 특정국을 공동의 적으로 상정하는 것이 아니라, 동아시아 평화 구축의 기초라는 방향에서 노력함과 함께 이를 토대로 미래로부터의 위협에 공동 대처하는 관계를 만들어가야 한다.

결론적으로 한국 외교에 대해 평화의 키워드를 가지고 통일 한반도 건설이라는 최종목표를 향하여 첫째는 한반도 평화 공존, 둘째는 동아시아 평화공동체 구축, 셋째는 지구적 생태평화 문명 전환이라는 축을 중심으로 이를 연계하는 전략구상을 제안한다. 한국, 북한, 일본이 이루는 삼각형의 안정화가 남북 분단 극복과 식민지유제 청산에 대응하는 핵심과제이고, 이 핵심 삼각형을 매개로 북쪽으로 유라시아, 남쪽으로 아세안을 이어 'I-Belt'라는 이름의 평화지대를 미중 사이에 창출하자는 것이다.

일본의 최근 정세 변화는 일시적인 예외 현상이 아니며, 아베의 외교·안보정책은 안보담론으로 지속될 것이고 이것은 정치적 현실주의로 수렴되는 과정에 있다. 아베의 정책들은 저출산 고령화(少子高齢化)라는 내적 도전과 중국의 부상이라는 외적 도전에 대한 대응이다. 한국은 이러한 일본을 상수로 놓고 대일정책을 구사하여 북핵 문제 해결과 통일 분위기 조성을 위해 일본을 적극적으로 활용할 필요가 있다. 한일 양국은 민주주의와 시장경제, 비핵 평화 의식을 동시에 성취한 예외적 모범국가라는 공통점이 있어서 제국·식민지 관계 해소에도 모범이 될 수 있다. 환경, 에너지 문제 등 미래로부터의 위협에 공동 대처하고 한반도의 비핵화와 동아시아 평화를 위한 공동 노력을 확대하는 구상이 필요하다. 이로써 중국과 미국, 대륙과 해양을 '이어주는 외교'를 표방하고, 구체적으로 한반도 종단철도와 한일 해저터널을 연결하는 등 협력을 통해 한일관계를 개선하고, 이를 한국 외교의 대전략에 활용할 필요가 있다.

토론

김형기 일본 자위대가 모병 징집이 어려울 정도로 인구문제가 심각한가?

남기정 저출산의 영향으로 자위대 모집대상 인구 자체가 줄어들고 있고, 최근 안보법제가 개정되면서 외국에서 전투에 휘말릴 가능성이 생겨 더욱 모병이 어려워지고 있다. 입대를 시키려면 대우를 더 잘 해주어야 하고 결국 재정 부담이 커지는 것이 현실이다.

고경빈 우경화보다는 보수화라는 개념으로 일본정치를 설명했는데 그 둘의 관계를 보충 설명한다면?

남기정 일본의 우경화는 공동체의 이상 등에 큰 가치를 두고, 그 연장선에서 국가를 중요시하는 사람들이 이끌고 있다. 이들이 보기에 평화헌법은 미일동맹에서 일본을 열세에 놓았고, 미국은 보호하는 국가, 일본은 보호받는 국가가 되어 불평등한 관계를 만드는 원인이 되었다. 그 때문에 이를 대등관계로 바꾸려는 국가개조론자들이 목소리를 키워 왔다. 현재 미일동맹을 중심으로 안보와 외교를 이끌어가는 정치적 현실주의자들에 대해, 그동안의 헌법 개정을 통한 자주국방 담론을 주도해 왔던 국가개조론자들은 매우 화가 나 있다. 『전쟁론』을 저술하여 전쟁을 각오하는 것이 보통국가라고 주장하며 보통국가 담론을 이끌었던 고바야시 요시노리 같은 사람은 아베를 미국의 '똥개'라고 비난한다. 처음에 아베에게 기대를 걸었던 국가개조론자들이 지금은 아베를 타도하자는 주장을 서슴지 않고 있다. 아베가 초기에는 국가개조론이나 우경화 움직임을 이용했지만 지금은 조금 부담스러울 수 있는 상황이다. 일본 자민당의 주류였던 이른바 보수 본류는 제도적 자유주의자, 즉 소극적 안보정책을 취하는 반면 경제적으로는 네트워킹하면서 상호의존 속에 일본의 국익을 늘려가자는 생각을 가진 사람들이다. 이들을 대신해서 등장한 것이 정치적 현실주의자들이다. 이들은 아베의 안보정책을 이끌고 있으며 경제력만 가지고는 국가의 안전을 확보할 수 없다는 생각을 가지고 있다. 일본 정가에서는 정치적 현실주의자들이 점점 늘어나고 있다.

조한범 우리의 미래를 위해서는 한미일의 세계관에서 한중일의 세계관으로 가야 한다는 점에서 한일관계가 중요하다는 데 공감한다. 한일관계 신뢰의 고리를 풀기 위해서 무엇이 필요한가?

남기정 일본의 시민사회와 적극적으로 대화하는 것이 필요하다. 예컨대 우리 지도자의 일본 동북지방 방문을 제안해 본다. 한국 국민이 후쿠시마의 고통을 공감하고, 원자력 재해와 같은 미래 위협에 대해 공동으로 대응할 의지가 있다는 것을 보여주면 좋겠다. 과거 후쿠시마 재해 때 한국대사관과 영사관에서 했던 역할에 대해 일본 시민사회의 좋은 평가가 있었다. 한일관계에서의 커다란 구상을 발표하고 설득하는 것도 필요하지만, 이러한 의지를 구체적으로 보여줄 수 있는 '평화의 순례' 같은 것이 큰 도움이 될 것이다. 일본이 교과서 문제나 야스쿠니 신사 문제들로 계속 돌출행동을 하는 것을 제어하기 위해서도 우리의 대범한 '평화의 순례'는 유익할 것이다.

김형기 한일협력이 강화되면 그 자체로 북한에 메시지를 줄 수 있다고 했는데 그 내용은 무엇인가?

남기정 한일관계를 강화하면서 동시에 남북관계도 개선해 나갈 때 남북 화해를 위한 대일외교의 의미가 있다. 이를 동시에 추구할 때, 북한이 핵에 대한 과도한 의존에서 벗어나고 일본에 대한 의구심도 해소하는 방향의 메시지가 될 것이다. 한일관계는 돈독한 반면 남북관계는 계속 대립을 지속한다면 북한에게는 역방향의 메시지가 될 것이다.

김형기 아베의 움직임을 견제하기 위해 천황이 사퇴하겠다는 것은 무슨 의미인가?

남기정 천황의 퇴위문제를 천황이 아베의 '폭주'를 견제하려 내놓았다고 해석하는 사람들이 있다. 그러나 그것보다는 너무 힘들어 이대로 가면 역할을 못하겠다는 판단을 하지 않았나 싶다. 사실 일본의 근대 이래 역사를 잘 살펴보면, 일본 황실은 오히려 국가주의나 군국주의로 흡수되지 않는 영역이 있다. 메이지 시대 황실은 굉장히 서구적이고 유럽의 리버럴한 분위기에 열려 있었다. 천황의 개인 교사들은 대부분 미국인이거나 영국인들이었고, 천황의 주변에 있던 사람들은 서구적인 가치를 전파하고 받아들인 사람들이었다. 1930~1940년대 군부가 독주하고 있을 때, 군부에 저항하는 사람들이 저항의 거점으로 천황을 염두에 두기까지 했다.

조한범 보수 우경화에 대항하는 하토야마와 같은 지도자는 이제는 안 나오나?

남기정 하토야마와 같은 인물이 오히려 반동적 보수 우경화의 방향을 더 키웠다. 사실 하토야마 때문에 지금의 아베가 있다. 후텐마 미군기지 이전 문제도 사전 정지작업 없이 선언부터 해버려 미국이

나 미일 동맹파가 화들짝 놀라 하토야마를 끌어내려야 된다고 뭉치는 바람에 아베 정권이 탄생하게 된 셈이다.

고경빈 전장국가·기지국가의 개념과 관련해서 한국전쟁에서 일본이 수행한 역할이 있고 현재도 한국과 일본은 한 몸으로 연결되어 한반도 정전체제를 지탱하고 있다. 원론적으로 주일미군의 존재 이유는 어쨌든 샌프란시스코 회담 이후에는 점령군이 아니라 주한미군들을 지원하는 명분으로 미일안보조약이 체결되었다. 그런데 일본의 안보법제가 마련되어 일본이 수동적 방어가 아니라 적극적 평화의 개념으로 이행하면, 그동안 한반도 정전협정에 따른 지원의 필요에 의한 것이라는 논리적 기반은 불필요해진 것 아닌가? 이미 북한은 정전협정을 지키지 않겠다고 선언했으니 기지국가론의 근거가 된 한반도 정전협정은 현실적으로나 논리적으로 남아 있는 것이 없는 것이 되는 셈이다.

남기정 더 유동적이고 위험한 상태로 가고 있다. 이대로 나가면 정전협정이 형해화되면서 군비경쟁만 남는 상황이 될 수도 있다.

고경빈 그리고 미국이 생각하는 주한미군의 역할에도 변화가 있었다. 처음에는 주한미군의 역할이 북한의 위협에 대한 남한의 방어에 있었는데, 이것이 한반도(Korea Peninsula) 안정으로 이행되었다가 이제는 아주 노골적으로 동아시아 안정으로 변했다. 한반도 정전체제를 미국도 흔들고 있는 셈이다. 전시에 일본의 기지국 역할이 없었으면 미군이 한반도에서 작전하기 어려웠듯이, 북한 역시 만주의 군사기지 역할과 뒷받침이 없었다면 전쟁을 수행하지 못했을 것이다. 따라서 기지국가 성격은 일본만 아니라 중국도 갖고 있으며 그런 점에서 한국전 참전국이기도 한 중국은 한반도 평화체제를 감시하고 유지하는 역할에도 꼭 참여할 필요가 있다.

조한범 'I-Belt' 개념은 참신하다. 다만 아시아재균형전략을 추구하는 미국이라는 존재가 있어 어렵겠지만 우리 외교에 아세안 전략과 개념을 포함하는 것은 중요하다. 기존의 유라시아전략에도 아세안은 빠져 있다. 아세안 쪽에서는 한반도와의 협력에 대해서 어떤 이해나 수요가 있을까?

남기정 아세안 쪽에서 볼 때 한국은 위협적이지 않은 협력 상대로 볼 수 있다. 아세안은 일본이나 중국과의 협력보다는 한국과 경제협력을 확대하는 것으로 중국과 일본 사이에서 정치적으로 휘말리지 않고 경제적으로는 적정기술의 이전이라는 협력 이익도 기대할 수 있을 것이다.

고경빈 일본이 러시아와는 평화조약 체결 논의가 있는데, 중국과는 평화조약 문제가 없나?

남기정 샌프란시스코 강화조약의 서명국에 주변국들이 다 빠져 있다. 한국과 북한, 중국, 소련은 물론 대만도 빠져 있다. 다만 대만, 즉 중화민국은 샌프란시스코 강화조약이 발효되는 날에 일본과 별도의 평화조약을 맺었다. 그것을 대륙의 중화인민공화국이 승계했고 그 때문에 장제스가 포기한 일본에 대한 전쟁배상 요구를 중국도 포기한 셈이 되었다.

김형기 한국의 외교 대전략이 한반도의 평화체제, 동아시아의 평화공동체, 지구문명 전환의 프론티어로 명확히 정리되었다. 한일관계를 핵심 삼각형의 한 축으로 해 한미일, 한중일, 한일러 삼각형을 만들어 나가자고 했는데 한미일은 그렇다 치고, 나머지 한중일이나 한일러 삼각형을 가능하게 하려면 어떻게 해야 하는가? 즉 그 수요는 어디서 찾아볼 수 있나?

남기정 한일러는 조금 더 넓게 보면 유라시아 쪽의 경제적 기회에서 그 의의를 찾아볼 수 있다. 유라시아 이니셔티브가 이를 노린 것이었다. 현재 한국과 러시아가 일본과의 철도 연결에서 득실관계를 따지면서 주저하고 있지만, 한러 협력도 일러 협력도 한일관계로 연결될 수 있다는 것을 고려하면 더 추진력을 얻을 수 있고, 두 개의 양국관계는 상보적 관계가 될 수 있다. 한일관계를 기초로 러시아와 일본을 연결하여 삼각형을 만들 때 세 개의 양국관계는 의미 있는 역할을 할 수 있다.

고경빈 북한 문제와 관련해서 한국과 일본은 경험적으로 볼 때 경쟁하는 관계였다. 그래서 우선 한일관계를 돈독히 하면서 공동으로 북한 문제를 풀어가는 것보다, 우선 남북한이 문제를 풀고 대일관계와 대중관계 등 주변국과의 관계를 공고히 다지는 방향으로 가는 것이 바람직하지 않을까?

남기정 아직은 한일 간에 신뢰관계가 형성되지 않아 북한 문제를 둘러싸고 엇박자가 나곤 하는데, 긴 안목에서 한일관계를 신뢰관계로 만들어가면서 남북화해에 일본의 이해를 구하는 외교전략을 펴 나가야 한다. 한국이 중재하여 북한과 일본이 협력하게 해야 한다. 우리 상상력 여하에 달린 것이고, 지속적인 실천이 필요하지만, 남북화해를 위해서도 한일관계가 기본이 되어야 한다.

고경빈 동아시아 국제관계를 보는 새로운 프레임을 보여주었다. 오늘 새롭게 제시된 대 외교전략 프레임을 가지고 우선 순위를 어떻게 정하고 구체화할 것이냐는 우리 모두의 과제다.

남기정 한일관계나 남북관계의 문제를 풀 때 양자관계만 가지고 노력하는 것은 한계가 있고 오히려 어려운 일이다. 그래서 현재 상황에서 지역이라는 프레임을 끌어와서 한일관계를 한 축으로 다양한 삼각형의 협력관계를 적극적으로 만들어 나가는 외교를 해야 한다는 것이 기본구상이다.

6 러시아 대외전략의 이해

유라시아전략을 중심으로

토론일 2016년 11월 30일(수)

토론장소 평화재단 세미나실

발제 조한범

토론 김형기, 고경빈, 남기정, 이새롬

러시아 대외전략의 이해:
유라시아전략을 중심으로

푸틴 대통령은 슬라브주의를 활용해서 보수주의와 민족주의를 자극해 국민의 절대적 지지를 받고 있다. 우리는 크림사태를 보면서 러시아를 침략자로 생각하지만 러시아인 입장에서 보면 크림반도는 원래 러시아 땅이었고 러시아의 역사가 출발한 곳으로 자국의 영토를 회복했을 뿐이다.

러시아를 이해할 때는 항상 서구에 대한 열등감을 먼저 고려해야 한다. 그들은 그러한 열등감을 슬라브주의나 서구주의로 극복하려고 했다. 사회주의는 슬라브주의 전통에 속한다. 옐친류의 개혁개방은 서구주의 모방이다. 그것이 실패하면서 푸틴은 다시 슬라브주의로 회귀했다.

포스트소비에트 공간은 소련의 해체로 생겨난 공간이다. 이 공간을 미국과 북대서양조약기구(NATO)가 치고 들어왔다. 즉 NATO의 동진東進이다. 러시아에게 이곳은 핵심적 전략공간이다. 푸틴체제의 기본방향은 '강한 러시아'다. 옛날처럼 수퍼 파워까지는 아니더라도 국제정치에서 주도적 역할을 모색하며, 다자주의 관점에서 유라시아 정책을 추진하고 있다. 그러나 국제무대에서 이를 관철할 전략수단이 없는 것이 러시아의 고민이다. 경제력도 군사력도 한계가 있다. 우크라이나 사태로 인해 서방으로부터 받는 경제제재는 러시아 민생경제를 상당히 압박하고 있으며 저유가도 푸틴의 힘을 크게 제약하고 있다.

러시아 극동지역은 광활하고 천연자원이 풍부한 반면 취약한 인프라, 투자부족 등으로 지역경제가 낙후되어 정부차원의 적극적인 지역개발 전략이 필요하다. 푸틴 정부 3기에 들어서서, 러시아는 아태지역 진출의 교두보이자 동북아와 유럽을 연결하는 출발점이라는 지리적 이점을 활용하여, 신동방정책의 핵심전략으로 극동지역 개발에 박차를 가하고 있다. 2015년 5월, 러시아는 중국과 '실크로드 경제벨트 건설과 유라시아 경제연합 건설 연계협력에 관한 공동성명'을 발표한 바 있다.

러시아 신동방정책 구현에 있어 북한은 단절구간(Missing Link)이며, 북핵 문제가 상존하는 상황에서 양국 간에 획기적인 관계발전 가능성은 희박하다. 양국 간 경협규모는 미미하며 완만하게 성장하고 있다. 러시아는 한반도 통일에 대한 긍정적 입장에도 불구하고 정치·경제적 개입수단에 한계가 있어 당분간 실용주의 관점에서 접근할 것이다.

시베리아 극동개발을 지향하는 러시아 신동방정책과 한반도 통일문제 사이에는 상당한 친화력이 있다. 실제로 러시아는 한반도 주변 4국 중 한반도 통일에 대해 가장 실용적인 입장을 보이고 있다. 한반도 통일로 인한 최대의 수혜국이 될 가능성도 있다.

우리로서는 러시아의 신동방정책과 유라시아 경제연합 추진과정에 적극 참여하는 방안을 검토해 볼 필요가 있다. 3자 협력(남북러, 한중러, 한일러)과 4자 협력(남북러중, 한중일러) 등 다자주의 협력을 토대로 경제분야의 공동 프로젝트를 개발하면 한반도와 동북아의 공동번영과 평화구축의 토대가 될 것이며, 장기적으로 한반도 통일에도 긍정적으로 기여하게 될 것이다.

발제

러시아의 정체성은 슬라브 전통에서 찾아야

러시아를 알기 위해서는 슬라브주의와 서구주의라는 두 가지 역사적 흐름을 이해해야 한다. 러시아는 왜 유럽에 비해서 후진적인가라는 러시아인의 콤플렉스가 배경인데 이를 푸는 방식으로 두 가지 흐름이 나왔다. 하나는 슬라브주의다. 러시아만의 공동체인 미르라든지 레닌이나 톨스토이, 푸틴의 접근법이다. 이들은 러시아의 정체성을 슬라브 전통에서 찾는다. 반면, 러시아의 후진성을 벗어나기 위해 서구화해야 한다는 흐름이 있는데 피터 대제나 옐친이 이에 속한다.

푸틴 대통령은 슬라브주의를 활용해서 보수주의와 민족주의를 자극해 국민의 절대적 지지를 받고 있다. 서구 중심의 사고방식으로는 러시아인의 사고와 동떨어진 생각을 할 수 있다. 크림사태를 보면서 우크라이나 땅을 러시아가 강제로 합병했다고 생각하지만, 러시아인 입장에서 보면 크림반도는 원래 러시아 땅이었고, 러시아의 역사가 출발한 곳으로, 자국의 영토를 회복한 것일 뿐이다.

소비에트체제 해체 이후 새로 생긴 공간에 대한 이해도 필요하다. 러시아는 13세기부터 240년간 몽골의 지배를 받았다. 벨라루시(화이트 러시아)만 몽골의 지배를 받지 않아 깨끗한 러시아란 이름이 붙여졌다. 이후 '야만적인' 몽골지배로 인해 서구적 전통에서 너무나 멀어졌다는 콤플렉스가 생겼다. 그런데 그것은 사실과 다르다. 몽골이 멸망한 이후 넓은 영토를 물려받은 것이 오늘날의 러시아다. 이전에는 그만한 영토가 없었다. 몽골은 러시아 정체성에 아주 중요한 일부분이면서 러시아인들이 지우고 싶어하는 과거다.

1917년 소련이 창설될 때 면적은 세계 1위였고 인구는 3위였다. 흑토지대라고 불리는 농경지대가 국토의 10%에 불과하지만 아주 비옥해서 여름 석 달만 농사를 지어도 충분히 먹고 살 정도였다. 공업생산량은 미국 다음으로 세계의 20%를 차지했다. 소련이 1991년 해체됨으로써 러시아의 국력은 크게 줄어들었다. 러시아는 소련에 비해 영토는 3/4, 인구는 1/2로 줄어들었다.

역사적으로 러시아는 9세기경 처음 등장했다. 동북부 삼림지대에 살고 있던 슬라브족이 서쪽 유럽으로 이동하고 동쪽으로 이동하여 동서로 확장하면서, 오늘날 러시아 주류민족이 형성되었다. 882년에 바이킹족의 올레그Oleg가 최초로 키예프 공국을 세워 슬라브족을 통치했다. 키예프 공국은 현재의 우크라이나 지역으로, 10세기인 블라디미르 치세 때 동방정교로 개종하여 기독교 왕국으로 성장한다. 11세기 키예프 왕국은 블라디미르, 모스크바, 노브고로트 등 여러 공국으로 분열되어 쇠퇴하다가 13세기에 몽골의 침입으로 멸망하고 240년간 지배를 받았다. 몽골은 점령지의 종교와 문화를 포용하며 받아들였지만 저항하는 세력은 철저하게 제거하는 방식으로 지배했다. 이때 키예프 공국은 쇠락했고 모스크바 공국은 발전했다. 모스크바 공국의 알렉산더 네프스키는 몽골과 협력하여 대공大公 칭호를 받았고 다른 공국들보다 월등한 자치권을 확보했다. 모스크바 공국은 부자세습 방식으로 특별한 지위를 유지했다. 1480년 이반 3세 때 모스크바 공국은 몽골과의 주종관계를 종결하고 러시아 전역에 대한 지배를 공고히 함으로써 전제군주 체제를 확립했다. 모스크바 공국은 몽골이 망한 후 넓은 영토를 그대로 물려받았다. 몽골 지배가 없었다면 오늘의 러시아도 없었을 것이라는 것이 딜레마이자 콤플렉스다.

폴란드에게 일시적으로 패배하긴 했지만 모스크바 왕국의 로마노프 왕조는 황제(짜르)라는 전제군주 지위를 확립하고 부흥을 도모했다. 18세기 표트르 대제 때 스웨덴과 전쟁으로 뺏은 땅에 새 항구이자 수도로 상트페테르부르크를 건설하고 러시아 문화와 문물을 서구화하려고 전력을 다했다. 표트르 대제 사후에 왕위 계승을 둘러싼 혼란과 함께 농노제에 시달리던 농민들의 반란이 지속되었다. 19세기 나폴레옹 전쟁 때 자유주의 사상이 유입되어 입헌제, 공화제, 농노해방 등 시민혁명 조짐이 확산되었다. 마침내 1905년 러일전쟁의 패배와 '피의 일요일 사건'을 계기로 입헌군주제로의 혁명이 성공했다. 이어 1차 세계대전 중인 1917년 로마노프 왕조를 축출하고 공화국을 수립하는 과정을 거쳐서 레닌의 지도 아래 볼셰비키 혁명으로 세계 최초의 공산주의 국가를 탄생시켰다.

볼셰비키 혁명으로 공산주의 국가 탄생

레닌은 집권 후 4년간 수백만 명이 희생된 내전을 지휘하느라 사회주의를 구현해보지 못하고 죽었다. 사실상 마르크스와 레닌은 스탈린주의와 관계가 없다. 마르크스는 사회주의에 대해 구체적으로 이야기한 바가 없다. 자본주의가 망하면 사회주의가 온다고 했지만 그것이 어떤 모습인지 전혀 말한 적이 없다. 레닌 역시 볼셰비키 혁명 후 내전으로 인해 전시공산주의와 신경제정책(NEP)만 해 보았지 본격적인 사회주의를 시도할 기회를 가지지 못했다. 소련은 스탈린 독재시대에 견고한 중앙통제 계획경제를 구축했다. 고르바초프는 페레스트로이카Perestroika와 글라스노스트Glasnost로 정치민주화와 시장경제화를 추진하려다 보수세력의 반발을 사서 결국 소련 해체로 귀결되었다. 그래서 러시아에서는 그에 대한 이미지가 좋지 않다. 소련의 기득권 세력은 개혁개방을 방해했지만 시장형성에 따른 이권을 먼저 차지하기도 했다.

소련 해체로 준비 없이 갑자기 포스트소비에트 공간에 형성된 15개국은 각기 사정에 따라 차별적 발전전략을 채택했다. 발트 3국은 유럽통합에 참여하면서 탈러시아정책을 취했다. 조지아, 우크라이나, 아제르바이잔과 몰도바도 소위 GUAM을 형성하여 탈러시아 친서방정책을 따르고 있다. 러시아는 2008년 조지아와 전쟁을 했고 2014년에는 우크라이나 내전에 개입하여 크림반도를 병합했다. 카자흐스탄, 벨라루시, 아르메니아, 타지키스탄과 키르기즈스탄의 5개국은 기본적으로 친러시아 노선을 택했다. 투르크메니스탄과 아제르바이잔 및 우즈베키스탄은 중립적이거나 독자적인 노선을 걷고 있다.

소련의 해체와 푸틴의 신동방정책

소련의 해체로 생겨난 이 전략적 공간을 미국과 북대서양조약기구(NATO)가 치고 들어왔다. NATO의 동진東進이다. 옐친 때는 서방의 지원이 필요했기 때문에 러시아가 일방적으로 당했다고 볼 수 있는데 푸틴이 들어오면서 서방의 공격적 움직임에 저항하고 충돌하기 시작한 것이다. 러시아에게 포스트소비에트 공간은 핵심전략공간이다. 푸틴의 '신동방정책'은 러시아의 숙원인 극동 시베리아 개발을 목표로 에너지와 물류체계를 동북아 경제권과 연계시킴으로써 새로운 성장동력을 확보하겠다는 전략이다. 2013년 2차례 진행된 한러 정상회담은 푸틴의 이 같은 의도를 반영하고 있다. 우리의 유라시아 이니셔티브와 푸틴의 신동방정책은 접점 모색이 가능하다.

푸틴 전략의 기본방향은 '강한 러시아'다. 옛날처럼 수퍼 파워Super Power까지는 아니더라도 지도적 메이저 파워Major Power 역할을 하며 다자주의를 지향하는 유라시아정책을 추진하고 있다.

NATO의 동진東進에 대항하여 2015년 벨라루시와 중앙아시아 지역의 친러시아 국가들을 묶어서 유라시아경제연합(EEU; Eurasia Economic Union)을 창설했다. 러시아는 유라시아 대륙에서 러시아 이니셔티브의 핵심인 '신동방정책과 EEU'라는 두 개의 전략적 도구를 활용하여, 결국 미국 주도의 세계질서 체제에 반대하고 러중 협력을 기반으로 미국 및 서방과 긴장관계를 유지하고 있다. 그러나 국제무대에서 강한 러시아를 관철할 전략적 수단이 없다. 경제력도 군사력도 한계가 있다. 우크라이나 사태로 인해 서방으로부터 받는 경제제재는 러시아 민생경제를 상당히 압박하고 있으며 저유가도 푸틴의 힘을 크게 제약하고 있다.

러시아 극동지역은 광활하고 천연자원이 풍부한 반면 취약한 인프라, 투자부족 등으로 지역경제가 낙후되어 정부차원의 적극적인 지역개발 전략이 필요하다. 3기 푸틴 정부에 들어서서, 아태지역 진출의 교두보이자 동북아와 유럽을 연결하는 출발점이라는 지리적 이점을 활용하여 '신동방정책'의 핵심전략으로 극동지역 개발에 박차를 가하고 있다. 2009년 '러시아연방 장기사회경제발전개념 2020'에 맞추어 2025년까지 '극동·바이칼지역 사회경제발전전략'을 수립하고 동부지역 통합가스망(UGSS; Unified Gas Supply System)과 동시베리아-태평양 송유관(ESPO; Eastern Siberia-Pacific Ocean)을 구축하고 있다. 2014년에는 중국과 4000억 달러 규모의 천연가스 공급계약을 체결했고 2015년에는 중국석유천연가스집단과 '서부노선' 가스공급에 합의했다. 러시아는 중국자본으로 극동지역 항만 현대화를 도모하며, 자루비노를 수출항으로 육성하고 있다.

상하이협력기구(SCO)는 중국과 러시아, 카자흐스탄, 키르기스스탄, 타지키스탄 5개국이 국경지역의 신뢰 강화와 군축을 협의하기 위해 만든 다자안보협의체에서 출발했다. 상하이협력기구는 회원국 간 협력 분야를 테러리즘에 대항하는 안보·군사뿐만 아니라 다양한 분야로 확대하고 있으며, 특히 에너지·경제협력 강화를 위한 움직임이 활발히 이루어지고 있다. 러시아의 '유라시아 경제통합' 정책과 중국의 '신실크로드' 정책은 중앙아시아라는 공통분모를 가지고 있으며, 호혜적 관계를 유지하고 있는 양국 입장에서 상호 정책연계와 협력의 중요성을 상징하고 있다. 2015년 러중 정상회담에서는 '실크로드 경제벨트 건설과 유라시아 경제연합 건설 연계 협력에 관한 공동성명'을 발표한 바도 있다.

북한과의 관계도 변화를 보이고 있다. 소련 해체 이후, 1995년 자동 군사개입조항이 포함된 조약이 폐기되고, 2000년 동맹관계가 아닌 일반 국가 간 관계를 내용으로 새로운 조약이 체결되었다. 북한은 대러 협력을 통해 정치·경제적 실리와 국제정치적 효과를 추구하고, 러시아는 당장의 이해관계를 넘어 동북아지역에 대한 장기적 실리추구를 의도하고 있다. 러시아 신동방정책에 있어 북한은 핵심단절구간(Missing Link)이다. 북핵 문제가 상존하는 상황에서 양국 간 획기적 관계발전 가능성은 희박하다. 양국 간 경협 규모는 미미하며 완만하게 성장하고 있다.

러시아는 한반도 통일에 대한 긍정적 입장에도 불구하고 정치경제적 개입수단에 한계가 있어 당분간 실용주의 관점에서 접근할 것이다. 북한 핵무장을 반대하지만, 김정은 체제에 대한 외부의 위협에도 반대하는 등 남북한 등거리 외교를 취하고 있다. 이런 상황에서 러시아는 남북러 사이 철도와 가스관 연결 등 삼각경협을 통한 극동과 시베리아 개발전략을 추진하고 있다. 남북한 균형정책이라고 해도 실질적으로는 한국중심의 균형정책으로 추진될 가능성이 크다. 북한의 지정학적인 가치가 낮아지고, 시베리아 개발과 동북아 에너지협력 등에 한국의 협력이 필수적이기 때문이다.

한반도 통일을 위한 한러 외교정책

시베리아 극동개발을 지향하는 러시아 신동방정책과 한반도 통일문제 사이에는 상당한 친화력이 있다. 실제로 러시아는 한반도 주변 4국 중 한반도 통일에 대해 가장 실용적인 입장을 보이고 있다. 한반도 통일로 인한 최대의 수혜국이 될 가능성도 있다. 러시아가 효율적인 체제 전환에 실패한 이후로 자원수출에 의존한 경제구조를 형성했지만 이것마저도 세계경기 불황으로 심각한 위기에 빠졌다. 이를 벗어나는 유일한 대안으로 시베리아 극동개발과 신동방정책이 부상했다. 러시아는 블라디보스토크를 제2의 수도로 정하자는 주장이 제기될 정도로 극동 시베리아 개발에 힘을 쏟아붓고 있다. 러시아의 신동방정책이 성공하느냐의 여부는 핵심단절구간인 북한을 끌어들여 남북러 삼각경협을 얼마나 효율적으로 추진하느냐에 달려 있다.

우리는 러시아의 신동방정책과 EEU 프로젝트에 적극 참여하는 방안을 검토해 볼 필요가 있다. 한국이 러시아를 중심으로 하는 EEU와 FTA를 체결하여 유라시아와 새로운 경제통합체 관계를 구축해 나가는 전략을 고려할 수 있을 것이다. 또한 러시아의 신동방정책에 부응하여 이를 지렛대 삼아 동북아와 한반도 국제관계에서 다양한 다자협력 채널을 구축할 수 있을 것이다. 다자주의 협력체제 구축은 한반도의 냉전적 대립구도의 경직성을 극복하는 전략으로 활용할 수 있다. 3자 협력(남북러, 한중러, 한일러)과 4자 협력(남북러중, 한중일러) 등 다자주의 협력을 토대로 경제분야의 공동 프로젝트를 개발하면, 한반도와 동북아의 공동번영과 평화구축의 토대가 될 것이며, 장기적으로 한반도 통일에도 긍정적으로 기여하게 될 것이다.

토론

김형기 러시아가 직면한 새로운 큰 게임(New Great Game)이란?

조한범 러시아가 대면한 새로운 큰 게임(New Great Game)은 소련 해체 이후 미국과 NATO가 동진하고 러시아가 이를 막아서는 국제관계 갈등을 의미한다. 처음에는 리비아와 아프간 지역이었고 다음은 우크라이나 크림반도에서 충돌하고 있다. 러시아가 과거 영향력을 회복하고자 서방과 큰 게임을 하고 있다는 뜻이다.

고경빈 러시아가 체제전환 과정에서 겪은 사회·경제적 어려움에 대해 구체적으로 설명해 달라.

조한범 옐친 대통령은 급진적인 경제개혁을 추진했다. 하루아침에 물가를 자유화하고 거래의 자유를 허용했다. 그 결과 1992~1993년에 초인플레이션 현상이 발생했다. 이런 경제적 혼란의 여파로 1997년까지 러시아 남성의 평균 수명이 매년 한 살씩 줄어들었다는 이야기도 있다. 생산력은 절반으로 감소했다. 이런 사회·경제적 혼란을 이용하여 마피아 조직이 이권을 독점하고 정경유착형 신흥 부유층이 자리를 잡았다. 살인과 폭력이 난무하는 혼란도 있었다. 1997년 결국 국가부채를 갚지 못해서 모라토리엄을 선언했고 옐친의 급진적 개혁정책에 대한 희망과 아울러 서구주의에 대한 환상도 사라졌다. 옐친은 1998년 프리마코프 총리에게 내정을 이양하고 심복으로 키우고 있던 푸틴으로 하여금 슬라브주의를 바탕으로 보수우경화의 흐름을 조장하게 했다. 푸틴은 러시아의 영향력(Great Russia)을 되찾자고 주장했는데 때마침 Brics(브라질, 러시아, 인도, 중국) 경제가 폭발적으로 성장하면서 국제유가가 급격히 상승하여 오일머니가 러시아로 쏟아져 들어왔다.

오일머니가 쏟아져 들어오니까 러시아경제가 번영한다는 환상을 가지게 되었고 이 영향으로 러시아 경제의 구조조정과 개혁이 발목을 잡혔다. 실패한 것이다. 러시아에는 알 만한 큰 기업이 없다. 오일머니 환상으로 인해 채취산업, 금융산업, 유통산업의 세 분야만 성장했다. 2008년 이후 세계경제의 퇴조에 따라 유가하락이 이어지고 러시아경제도 다시금 나락으로 떨어졌다. 크림반도 합병과 우크라이나 사태는 푸틴의 선택이었다. 러시아인들에게 상실감을 잊도록 해주는 정치적 효과가 있었다. 이로 인해 푸틴의 지지는 80~90%에 달했다. 문제는 푸틴에 대한 국민의 높은 지지에도 불구하고 러시아의 구조적 취약점은 여전하다는 것이다. 유가하락이라는 굉장히 어려운 처지에 있는 러시아경제에 활로를 열기 위한 것이 바로 시베리아와 극동을 향한 신동방정책이다. 푸틴이 선택한 야심찬 국정과제이다.

남기정 포스트소비에트 공간에 형성된 15개 국가들의 외교노선은?

조한범 5개 그룹으로 나눌 수 있다. 에스토니아, 리투아니아, 라트비아 등 발트 3국은 원래 스웨덴 계열로 반러시아 정서가 강하다. 때문에 탈러시아와 친서방 노선을 선명하게 하고 유럽통합과정과 NATO에 참여하고 있다. 투르크메니스탄과 아제르바이잔은 중립적인데 에너지 자립여건이 되어서 미국과 러시아 사이에 등거리를 유지하고 있다. 조지아, 우크라이나, 몰도바는 역사적으로 러시아와 갈등이 있었지만, 러시아는 자기의 영향 아래 있다고 생각한다. 조지아와는 전쟁도 했다. 우크라이나는 스탈린 지배 아래에서 너무 많은 희생을 당했고 최근 크림반도 문제로 갈등을 빚었다. 카자흐스탄, 벨라루시, 아르메니아, 키르기스스탄, 타지키스탄은 기본적으로 친러시아 성향이다. 벨라루시는 러시아와 국가연합을 시도한 적도 있다. 우스베키스탄은 독특하다. 중앙아시아의 맹주를 지향하고 대외정책에 독자성이 강하다. 서방과 러시아와 번갈아 손잡고 있다.

이새롬 러시아의 극동 및 시베리아 지역의 개발과 관련된 신동방정책의 구체적 목표와 실적은?

조한범 2030년까지 동북아와 아태지역으로의 석유수출 비중을 현재의 5%에서 20~25%까지, 가스수출 비중은 19~20%까지 올린다는 목표다. 시베리아 극동의 자원개발은 물론 동북아 철도를 시베리아 철도(TSR)와 연결하는 사업도 있다. 대규모 LNG 물량이 미국으로부터 이 지역으로 들어오기 이전에 에너지 공급을 선점하겠다는 것이다. 동부노선 파이프라인을 통해 중국 석유천연가스공사와 2018년부터 30년간 총 4000억 달러 규모의 천연가스 공급계약을 체결하였다. 또한 몽골에서 내려오는 서부노선으로 알타이 파이프라인 사업도 3000억 달러 규모로 추진 중이다. 지금은 1단계 사업이지만 3단계가 된다면 규모가 1조 달러 수준이 된다. 중국과 함께 에너지공동체를 만들고 있다. 중국은 이를 통해 자국 에너지 구조를 석탄에서 가스로 전환해가고 있다. 또한 자루비노 항구의 현대화 작업을 추진 중인데 비록 부동항은 아니지만 개발이 완료되면 TSR과 연계되어 동북아에서 최대의 물동량을 처리하는 항구가 될 수도 있다. 러시아 신동방정책은 중국의 신실크로드와도 연결된다. 신장 위구르의 유럽 노선들이 TSR을 이용하게 된다.

이새롬 러시아가 북한과의 경협에 거는 기대는 없나?

조한범 러시아는 남북한과 등거리 외교를 한다고 하지만 사실 주된 목표는 한국과의 경협에 있다. 북한과의 경협에서 당장은 별로 얻을 것이 없다. 그러나 북한경제의 인프라를 개선하는 데 한국자본이 들어와서 러시아와 협력하는 시나리오에 큰 관심이 있다. 2012년 북한의 대러시아 채무가 110억 달러였는데 이를 러시아가 거의 탕감해 주었다. 북한과 이면에서 인프라 투자에 대한 상당한 약속을 받았을 것으로 추정된다. 채무 잔액 11억 달러도 북한에 다시 투자한다는 계획이다.

러시아는 한반도를 매우 실용적 관점에서 접근하고 있다. 북한 핵무장은 반대하지만 김정은 정권을 흔드는 것도 반대한다. 러시아의 목표는 남북한과 경제공동체를 만들어가는 것이다. 2011년 러시아의 세계경제국제관계연구소(IMEMO)가 작성한 'Global Strategy 2030'은 2020년대 후반에 한국 주도로 한반도가 통일된다고 전망하고 있다. 그렇게 되면 러시아의 신동방정책도 탄력을 받을 것이다. 러시아의 시베리아 극동개발과 한반도 통일은 친화력이 있다. 러시아는 한반도 통일로 가장 큰 수혜를 받기 때문에 한반도 통일을 가장 적극적으로 지지할 나라다. 시베리아 극동개발을 러시아 경제성장의 유일한 대안으로 생각하고 있는 러시아의 이해관계 때문이다. 그래서 러시아에서는 블라디보스토크를 제2의 수도로 정하자는 주장도 굉장히 설득력 있게 나오고 있다.

고경빈 블라디보스토크가 우리의 대유라시아 전략에서 갖는 비중은?

조한범 블라디보스토크 인구는 60만 명밖에 안 된다. 연해주 전체가 200만 명 수준이다. 이 지역에는 러시아인보다 중국인이 더 많다는 말이 있을 정도로 중국인이 많다. 러시아는 이 지역에 사활을 걸고 있다. 핵심은 TSR을 연결하고 가스관을 한반도로 연결하는 것이다. 그래서 우리도 러시아의 경제전략과 연결하는 전략이 필요하고 이를 적극 추진해야 한다. 유라시아에서 우리의 미래를 찾아야 한다.

김형기 러시아가 중국과의 협력을 통해 미국의 일방주의를 견제하려는 생각을 가지고 있다고 했는데 트럼프가 당선되면서 상황이 변하는 것이 아닌가 싶다. 러시아에 친화적인 트럼프가 러시아와 손잡고 중국을 포위할 가능성이 있다고 보지 않는가?

조한범 우크라이나 문제와 관련 미국이 러시아에 대한 봉쇄를 푸는 것은 쉽지 않다. 명분이 없다. 트럼프의 집권으로 러시아와 미국 사이의 긴장이 다소 완화될 수는 있어도 전격적으로 협력관계로 바뀔 가능성은 낮다. 트럼프 정부에서도 나토의 동진정책과 러시아의 충돌전선이 유지될 것이다. 시리아에서 미국이 통째로 빠진다고 하더라도 별로 상황이 바뀌지 않을 것이다. 지금도 미군이 아니라 나토 주도로 시리아에 대한 군사개입이 이루어지고 있다. 영국과 프랑스 폭격기가 동원되고 있는 것이다. 결론적으로 트럼프와 푸틴 사이에는 협력 가능성보다 갈등의 관성이 더 크게 작용할 것으로 본다.

중국과의 협력관계에서도 러시아의 딜레마는 러시아가 줄 수 있는 것이 에너지밖에 없다는 것이다. 반면 중국의 카드는 다양하다. 따라서 러시아의 유라시아정책이 사실상 중국의 신실크로드 전략에 매몰될 위험성이 있다. 이것이 중국과의 전략적 동반자 협력관계를 발전시키는 데 있어 한계다. 당장 중앙아시아의 경우, 중국은 그쪽으로 영향력을 확대하고 있고 러시아 역시 CIS(Commonwealth of Independent States)권 복원을 추진하고 있기 때문에, 협력보다는 경쟁과 갈등관계로 충돌할 가능성이 있다.

남기정 독립국가연합(CIS)의 분화 가능성은?

조한범 이미 분화되고 있다. CIS의 결속력은 매우 느슨하며 강제할 수 있는 내용이 거의 없다. 지금 9개국 남았다. 우크라이나와 조지아는 러시아와 전쟁을 하면서 탈퇴했고 타지키스탄의 경우 미국한테 공군기지까지 한동안 임대해 주었다. 핵심국가인 러시아의 딜레마는 CIS에 대해서 비전을 가지고 있지만 이를 달성할 수단이 없다는 것이다.

이새롬 소련 해체 당시에 우크라이나에 있던 핵시설과 해군시설에 대한 관리통제 이전 과정은?

조한범 흑해함대는 거래를 통해서 소속 함정을 러시아 영내로 이전했다. 핵시설은 옮길 수 없으니 일단 우크라이나의 소유로 하고 서방과의 협상에 의해 지원을 받고 해체했다. 카자흐스탄에 있던 우주기지는 협상을 통해 러시아의 배타적 통제와 관리 아래 두었다.

이새롬 러시아의 극동지역 군사력 배치 상황은?

조한범 미사일 기지는 특별한 것이 없다. 의미 있는 군사력은 북해함대뿐이다. 블라디보스토크에 기지가 있다. 러시아에는 주력함대가 셋 있는데, 흑해함대는 터키가 길목을 막으면 활동을 못하니 사실상 유럽의 발틱함대와 아시아의 극동함대가 주력부대다. 극동함대는 상당히 강력한 핵잠수함 전력을 보유하고 있다.

남기정 일본과의 영토분쟁에 있어서 옐친은 2개 도서는 우선 반환한다고 했는데 그럴 경우 일본은 나머지 도서를 영원히 반환받지 못할까봐 이를 거부했다. 그런데 지금 러시아 정서로 보았을 때 도서를 반환할 가능성이 있나?

조한범 러시아가 일본이 원하는 부분을 파격적으로 고려해준다고 했지만 도서 반환은 아니었을 것이다. 북방도서에 대한 공동개발이나 일본인의 자유방문과 같은 것이지 러시아 특성상 또는 푸틴의 행보를 보면 영토 반환의 가능성은 높지 않다. 푸틴은 일본에 계속 떡밥을 던질 것이다. 왜냐하면 신동방정책을 수행하기 위해서는 일본의 참여가 필요하기 때문이다.

김형기 러시아의 한반도정책을 고려하여 우리의 대응 방향을 요약한다면?

조한범 러시아는 당분간 실용주의 관점에서 접근할 것이다. 북핵도 반대하고 김정은 체제에 대한 외부의 위협에도 반대한다. 그러면서 남북러의 철도와 가스관 연결 등 삼각경협을 추진하고 있다. 기본적으로 러시아의 신동방정책과 한반도 통일문제는 친화적이기 때문에 우리도 러시아와 협력을 강화하면서 북한을 포섭하는 전략을 지속적으로 추진해야 할 것이다.

7 국제정세 변화와 우리의 대응 방향

토론일 2017년 2월 2일(목)

토론장소 평화재단 세미나실

발제 이정민

토론 김형기, 고경빈, 조한범, 남기정, 동용승, 이새롬

국제정세 변화와 우리의 대응 방향

국제정세 변화의 핵심지역은 중국, 중동 그리고 북한(한반도)으로 모두 아시아에 있다. 아시아는 안보위협 백화점으로 중국 군사력을 미국이 어떻게 통제할 것인가와 미국과 중국이 어떻게 마찰 없이 나눠먹기를 할 것인가가 관건이다. 한반도 문제를 비롯해서 양안관계, 인도-파키스탄 분쟁, 남중국해 문제, 중일경쟁, 북한 핵위협 등 아시아의 모든 안보문제에 중국의 입김이 들어가고 있다.

중국인은 미국을 중요하게 생각하지만 미국이 중국이 강해지는 것을 방해하고 있다는 인식이 높다. 중국인은 초기에 트럼프를 좋아했지만 시간이 갈수록 미중 간의 마찰은 심각해질 것이다. 트럼프는 심각한 심리적 장애가 있는데 자기에 대한 도전을 못 참는다는 것이다. 즉각 반응한다. 국가원수로서는 최악의 심리상태다. 이것은 앞으로 국제분쟁에도 중요한 변수가 될 수 있다.

중동 정세에도 주목해야 한다. 사우디아라비아 왕가의 내부적 불안정이 폭발하면 중동 전역에 파급되고 이어 미국과 유럽을 비롯한 전 세계에 큰 영향을 줄 것이다. 사우디아라비아에는 여러 문제가 잠복해 있는데 부정부패가 극심하고 유가하락으로 정부 재정은 위태롭다. 일자리가 없는 젊은 층들이 점차 이슬람 원리주의에 빠져들고 있다. 장기적으로 사우디아라비아와 이란 사이의 세력 전이와 전쟁의 우려도 높아지고 있다.

다음은 북한 문제다. 수면 아래에서 굉장히 빠른 속도로 변하고 있다. 시장개혁이 빠르게 진행됨과 더불어 당의 구속력과 군부 핵심의 충성심은 희석되고 있다.

이러한 국제정세 아래 사회·경제적으로도 큰 도전이 기다리고 있다. 저성장과 고령화 등 경제위기가 다가오는데 이런 구도를 바꿀 수 있는 뾰족한 수단이 없다. 4차 혁명 리스크도 있다. 아시아 각국이 명치유신류의 체제와 조직으로 국가를 운영해 왔는데 이러한 관료 위주 성장시대가 끝나고 있다.

한국이 이러한 위기를 극복하려면 우선 경직된 조직문화에 소통능력을 높이고, 극단적인 민족주의를 완화하며, 일등만능주의 승자독식의 마인드를 개선해야 한다. 한국 외교가 할 일이 많다. 대북정책을 초당적으로 추진하는 것이 우리 현실에는 허무맹랑한 생각 같지만 그것이 정답이다. 미중 사이에서 균형을 잘 잡아야 한다. 역사적으로 미군이 피를 흘린 지역 중 선진국이 된 나라는 한국밖에 없다. 그 점에서 한국은 미국 외교의 중요한 쇼케이스이다. 중국에 대해서도 한국은 특별한 위상을 갖는데 중국의 인근 국가 중 가장 발전한 나라가 한국이다. 가장 서구화·민주화되었으면서도 중국의 문화 등을 인식하는 나라다. 이런 장점을 외교에서 잘 이용해야 한다.

앞으로 대미외교의 80%는 미국의회와 소통을 통해서 진행해야 한다. 마지막으로 가장 중요한 것은 이러한 외교를 추진하는 데 있어서 우리 내부의 남남갈등을 극복해야 한다는 점이다.

발제

국제정세의 세 가지 변화

향후 국제정세에 있어 핵심적으로 대두될 변화로 세 가지를 들 수 있다. 첫째는 중국이 개혁개방 이후에 자기 목소리를 본격적으로 내면서 한반도에 중대한 영향을 미칠 것이다. 지금까지는 조심스럽게 움직여왔다면 이후부터는 행동으로 거침없이 나올 것이다. 둘째로 중동문제가 예상보다 훨씬 복잡해질 것이다. 현재는 IS나 시리아 난민문제 정도가 관심을 끌고 있지만 앞으로 심각할 정도로 제2 중동사태가 발발할 것이고 그 여파가 세계적으로 나타날 것이다. 이에 대항하는 미국의 힘이 약해지면서 대아시아 전략에도 영향이 있을 것이다. 아랍의 봄이 다시 찾아올 것이다. 셋째는 한반도에도 모종의 변화가 있을 것이다. 이 세 가지가 향후 국제정세의 핵심 변화라고 본다.

역사적으로 미국이 부상할 때까지는 중국이 오랫동안 경제적으로 세계 최고의 지위를 누렸다. 그 다음이 유럽과 인도 순이었다. 미국의 힘이 강해지면서 중국이 쇠퇴했지만 2050년까지 중국이 다시 등극하는 시기다. 중국인의 머릿속에서 최근 백년 사이 미국의 부상은 하나의 해프닝에 불과하다. 중국은 자신들의 국력이 다시 원점으로 돌아간다는 시각에서 향후 전략을 모색할 것이다. 세계사적으로 주요 경제지대의 변천을 본다면 경제가 기술과 군사력, 과학 등을 통합하여 세계의 중심을 이동시켰다. 르네상스 이후 산업혁명으로 유럽이 성장했고, 유럽이 제국주의 전쟁으로 자멸하면서 미국으로 중심이 넘어갔다가 지금은 아시아로 이동하는 시점이다. 미국 중심의 국제질서가 아직 유효하지만 이제 거의 마지막 단계로 생각된다. 유동적인 G2 체제라고 할 수도 없지만 미국 주도도 아니고 그렇다고 중국이 주도할 능력도 안 된다. 여기서 여러가지 문제가 나온다.

국제정치학의 세력전이론勢力轉移論으로 본다면 아직은 헤게모니 파워를 가진 미국이 질서를 유지하지만 점점 힘이 쇠락하면서 중국이라는 도전세력에게 밀려 어느 시점에 가서는 중국에 추월당한다는 것이다. 그러한 추월은 앞으로 30~40년 사이에 발생할 것이다. 문제는 역사적으로 세력전 시기에 신구 강대국 사이에 전쟁이 날 확률이 60%나 된다는 것이다. 유럽을 중심으로 한 연구를 보면 16세기 이후 세력전이는 거의 전쟁을 수반했다. 앞으로 미국과 중국이 전쟁할 것으로 단언하지는 못하지만 중국의 힘이 미국의 힘을 앞지르는 순간, 양국 간의 분쟁 또는 전쟁이 발생할 확률은 다분히 있다.

아시아 안보문제의 핵심은 중국과 미국의 역할

전 세계 모든 안보문제가 아시아에 있다고 볼 수 있다. 실패국가의 존재, 난민문제, 강대국 사이의 대결 등 이 모든 안보문제가 냉전

당시에는 수면 아래에 있었지만, 소련이 와해된 이후 아시아의 부상과 더불어 분출되었다. 아시아 안보문제의 가장 큰 관건은 중국 군사력을 미국이 어떻게 통제할 것인가와 미국과 중국이 어떻게 마찰 없이 나눠먹기를 할 것인가가 될 것이다. 한반도 문제를 비롯해서 양안관계, 인도-파키스탄 분쟁, 남중국해 문제, 중일경쟁, 북한 핵위협 등 아시아의 모든 안보문제에 중국의 입김이 개입해 있다.

아시아의 고도 경제성장 경험을 보면, 이제는 명치유신明治維新류의 성장신화가 종식된 시점이라고 생각된다. 1868년 일본의 명치유신 이래 아시아 국가의 빠른 산업화와 부국강병이라는 신화의 시대가 시작되었다. 2차대전 후에도 일본에 이어 한국의 박정희와 싱가포르의 리콴유, 대만의 장제스, 중국의 덩샤오핑 등 아시아 여러 지도자들이 일본의 명치유신류의 성장모델을 추구해 왔다. 오늘날 일본경제와 한국경제도 둔화되고, 앞으로 중국의 고속성장도 둔화되어 아시아의 명치유신 시대가 종식된다면 이후 아시아는 어떤 모델로 국가를 운영해 나가야 하는가에 대한 고민을 시작해야 한다.

아시아의 또 다른 문제는 인구문제다. 일본의 65세 이상 인구가 2010년 23%였던 것이 2050년에는 37%가 된다. 한국은 2010년 일본의 절반인 11%인데 2050년에는 일본에 거의 육박하는 35% 선으로 전망된다. 일본의 군사대국화에 대한 우려가 많지만 사실

이런 인구구조 아래에서 일본의 군사력 팽창은 근본적인 한계가 있다. 핵무장을 하지 않는 이상 가용인력 자원 면에서 재래식 군사전략을 뒷받침할 수가 없다. 우리는 이런 사태를 정확히 보고 맹목적인 반일 감정을 극복해야 한다. 그래야만 한반도 통일 여건 마련도 유리해질 것이다. 100년 후 인구전망을 보면, 중국이 13억 명에서 10억 3천만 명으로 줄고, 인도는 12억 명에서 15억 명 또는 14억 명으로 증가한다. 일본은 현재 1억 2천 7백만 명에서 8500만 명으로 주는데 이 추세는 극복할 수가 없다. 강대국 중 인구가 증가하는 것은 미국뿐이다. 현재 3억 1천 2백만 명에서 4억 2백만 명 내지 4억 5천만 명 정도로 늘어나는데 이민과 라틴계 인구의 증가 때문이다.

중국의 대미 군사전략

중국과 미국의 군사력 경쟁에서 군사전략과 국방비 지출규모를 비교하면 상당한 시사점을 얻는다. 첫째 중국의 대미 군사전략이다. 중국은 자신의 힘의 투사능력을 고려하여 반접근·지역거부 전략(A2/AD)을 채택하였다. 한반도, 대만, 필리핀, 말라카를 잇는 제1열도선은 지금까지 미7 함대가 통제해왔는데 중국이 미국을 밀어낼 수 있는 힘을 갖추겠다고 했다. 향후 중국군이 일본열도와 괌을 포함한 제2열도선까지 투사력을 확대한다면, 유사시 미국이 후방지역에서 일본이나 한국, 대만 등 우방을 군사적으로 지원하는데 한계로 작용할 것이다. 따라서 비대칭적으로 미국의 힘을 견제하자는 것이 중국 인민해방군의 전략이다. 군비지출 규모는 미국이 중국보다 훨씬 많다. 그러나 미 국방비의 57%는 인건비고 27%가 의료비다. 국방비는 미국의 1/4 수준이지만 국방비 지출구조를 고려할 때 중국의 국방비 효율이 훨씬 높다. 미국의 RAND연구소에서 중국과 미국이 대만해협이나 남중국해 등지에서 충돌하는 것을 가상하여 군사력을 비교한 결과 거의 동등하다는 결론을 냈다.

중국인은 미국을 중요하게 생각하지만 미국이 중국이 강해지는 것을 방해하고 있다는 인식이 높다. 중국인은 초기에 트럼프를 좋아했지만 시간이 갈수록 미중 간의 마찰은 심각해질 것이다. 트럼프는 심각한 심리적 장애가 있는데 자기에 대한 도전을 못 참는다는 것이다. 즉각 반응한다. 국가원수로서는 최악의 심리상태다. 이것은 앞으로 국제분쟁에도 중요한 변수가 될 수 있다. 트럼프 정부의 인선을 보면 21세기형 십자군 진영처럼 보인다. 트럼프 정부는 국가안보에서도 극우적 성향을 보일 가능성이 있다는 것이다.

향후 국제정세 흐름에서 다음으로 주목할 지역이 중동이다. 사우디아라비아 왕가 불안정이 폭발하면 중동 전역으로 확산됨은 물론 미국을 비롯한 전 세계에 영향을 미칠 것이다. 사우디아라비아에는 여러 문제들이 잠복해 있으며 부정부패가 너무 심하고 이슬람 원리주의도 여기서 시작되었다. 유가하락으로 정부재정은 위태로운데 사우디 왕가가 직접 부양하는 왕실 가족들만 4800명이다. 지금까지 사우디아라비아 국민들은 세금을 내지 않았는데 사상 최초로 세금을 걷어야 할 상황이다. 일자리가 없어 실업률은 높고 젊은 층들은 점차 이슬람 원리주의에 빠져들고 있다.

이런 상황에서 사우디아라비아와 이란의 세력전에 기인한 전쟁의 우려가 높아지고 있다. 이란의 핵 문제가 불안하지만 어느 정도 해결과정에 들어섰다. 지금까지 중동의 맹주는 사우디아라비아였는데 앞으로 이란이 될 가능성이 높다. 이란과 사우디아라비아가 전쟁을 하면 장기적으로 이란이 이길 것이다. 그렇게 되면 중동의 판도가 바뀌고 중동의 모든 세력 균형은 깨질 것이며 미국과 유럽도 굉장히 위태로워질 것이다. 예측이지만 앞으로 중동에서 쿠르드가 독립하고, 터키와 이라크는 분열될 가능성이 있다. 사우디아라비아 왕정도 다른 형태로 바뀌며 이란이 맹주 노릇을 하면서 아프가니스탄과 발루치스탄도 독립국가가 될 것이다.

다음은 북한 문제다. 김정은이 5~6년째 정권을 유지하고 있지만 수면 아래에서 굉장히 빠르게 변화하고 있다. 시장개혁이 빠르게 진행되고 당의 구속력과 군부 핵심의 충성심은 희석되어 가고 있다.

한국 차기 정부의 과제와 외교정책

이러한 국제정세의 흐름 속에서 우리나라의 차기 정부는 크게 세 가지 문제에 직면할 것이다. 가장 큰 것은 정치변화와 외교안보 및 통상 리스크가 한꺼번에 닥치리라는 점이다. 북한 리스크, 트럼프, 중국 리스크 등. 중국 전문가들은 주석의 전반 임기 5년이 끝나면 연임하여 5년 더 하는 것이 통상이지만, 시진핑 주석은 연임규정을 폐지하고 영구 집권할 가능성이 있다고 한다. 그렇게 된다면 우리 주변정세는 트럼프 정부의 불확실성과 북한의 도전이 이어지는 가운데 새로운 국면으로 접어들게 될 것이다.

두 번째 문제는 저성장, 저출산, 고령화, 생산성 감소 등의 경제위기다. 저성장·저출산·고령화 등 경제위기가 다가오는데 이런 구도를 획기적으로 바꿀 수 있는 수단이 없다. 이는 구조적 문제로 국가시스템을 전반적으로 개혁하지 않는 이상 저성장은 계속될 것이다. 그 다음은 4차 산업혁명 리스크다. 중국과 한국, 일본 모두 명치유신 이후에 만들어낸 조직으로 국가를 운영해 왔는데 이러한 관료주의 체제로는 도저히 4차 산업혁명을 수용할 수 없다. 구조적으로 굉장히 힘들다. 차기 정부는 이러한 과도기 속에서 정책을 입안해야 하는데 더군다나 과거 정권과의 차별화를 의식해서 무리수를 둔다면 더욱 한계가 있을 것이다.

앞으로 20년 동안 '코리안 쇼크'가 지속될 것이다. 정치와 외교

안보, 경제사회와 인구구조 변화, 4차 산업혁명 쇼크 등 당면한 도전을 극복해야 한다. 역사적으로 한국 사회가 보여준 생존력과 적응력이 있지만 기존의 명치유신류의 관료주의적 대응체제로는 어렵다.

우선 경직된 조직문화에서 벗어나야 한다. '코리안 쇼크'를 해결하려면 원활한 정보소통이 요구된다. 듣기 싫어도 들어야 한다. 좌우 이념을 떠나 대한민국의 모든 조직, 대학, 정부, 기업, NGO도 해당된다. 다음으로 극단적인 민족주의를 탈피해야 한다. 중국과 일본 등 동양 3국에 공통적으로 극단적 민족주의가 뿌리내리고 있다. 마지막으로 일등만능주의와 승자독식의 마인드도 버려야 한다. 일등이 아니면 모두가 패자라는 인식으로는 '코리안 쇼크'를 극복할 수 없을 것이다.

한국 외교도 할 일이 많다. 북·미·중을 관리해야 하고, 6자 회담을 어떻게 추진해야 할 것인지에도 답해야 한다. 어떤 식으로 외교를 관리해야 할까? 대북정책을 초당적으로 추진하는 것이 허무맹랑한 생각 같지만 정답이다. 이제는 대북정책 가지고 티격태격할 여유가 없다. 지난 20년 동안 북한의 붕괴를 얘기한 사람들이 수백 명이 있었다. 그러나 지금까지 북한이 계속 지탱하고 있는데 최근 유럽과 미국의 북한 전문가들이 변화를 이야기하고 있다. 가장 큰 문제는 통치자금의 고갈이다. 앞으로 김정은은 통치자금을 확보하기가 굉장히 어려울 것이며 트럼프는 반드시 재정적으로 북한을 압박할 것이다. 대북제재에 소극적인 중국 기업에게는 세컨더리 보이콧을 적용할 것이다.

아산정책연구소의 최근 여론조사를 보면, 한국 사람들은 여전히 미국이 정치적으로 힘이 세지만 중국의 경제적 힘 또한 점점 세질 것으로 전망하고 있다. 그렇기 때문에 중국, 미국과도 잘 지내야 한다는 것이다. 우리나라의 독자적인 핵무장에 대해서는 52%가 찬성했다. 핵무장이 필요한 이유로 30%는 북핵 위협에 대응하기 위해서, 33%는 주권국가로서 핵주권을 확립하기 위해서, 32%는 국제사회에 영향력을 키우기 위해서라고 답했다. 핵무기 개발로 한미관계가 악화되어도 핵무장을 해야 한다는 데에 72%가 긍정했다. 경제적으로 부정적 영향이 있더라도 51%가 찬성이다. 굉장히 비현실적이긴 하지만 그만큼 한국인들은 미국에 의존하면서도 독자적 핵무장이 필요하다고 생각한다. 또 의미 있는 것으로는 통일을 가장 반대하는 국가로 52%가 중국을 지목했고 일본은 겨우 4.2%에 그쳤다.

한국만큼 중국, 미국과 동시에 잘 지내야 하는 나라도 없다. 이것을 못하면 다 망한다. 미중 사이에서 균형을 귀신처럼 잘 잡아야 한다. 진보정부가 들어서면 트럼프와 정책조율에 문제가 많을 것이다. 만약 한미 FTA 재협상 요구라도 하면 더욱 어려울 것이다. 그러나, 역사적으로 미군이 피를 흘린 지역이 선진국이 된 나라는 한국밖에 없다는 점에서 미국 외교에 한국은 중요한 쇼케이스다. 중국에 대해서도 한국은 특별한 위상을 갖고 있는데 중국과 인접한 국가 중에 가장 발전한 나라가 한국이다. 가장 서구화되었고 민주화되었으면서도 중국의 문화 등을 인식하는 나라다. 이런 장점들을 이용한다면 우리가 미국과 중국 사이에서 슬기롭게 대응함으로써 균형을 유지할 수 있을 것으로 본다.

대미외교의 80%는 의회외교가 되어야 한다. 행정부와의 소통도 중요하지만 미국 정치 특성상 의회와 집중적으로 대화해야 된다. 마지막으로 가장 중요한 것은 이러한 외교를 추진하는 데 있어서 우리 내부의 남남갈등을 이제 극복해야 된다고 생각한다.

토론

조한범 향후 인구전망과 관련하여 병력자원 자체가 줄어드는 것의 정책적인 의미는 무엇인가?

이정민 한국과 일본은 입대 연령의 인구규모가 줄기 때문에 적정 군사력을 유지하는 데 한계가 있다. 그런데 중국도 나름의 문제를 가지고 있다. 시진핑이 중국군 체계를 기존 병력중심에서 화력중심의 미국식 체제로 전환시킨다는 구상 아래 인민해방군 병력을 30% 감축할 계획을 세웠는데, 잉여인력이 많다보니 그들에게 적정 일자리를 찾아주는 문제가 발생한다. 퇴역장군을 비롯한 군인들에게 일거리가 제공되지 않으면 정부에 대항하는 사회불안 요인이 될 것이다. 인민해방군 체제전환 계획이 향후 5년 걸릴 텐데 진통이 많이 예상된다. 만약 중국이 이를 잘 극복한다면 동북아에서 가장 현대화된 군사력을 보유하게 될 것이다.

조한범 향후 미국과 중국의 경제성장 추이와 국방비 부담 문제는 어떻게 전망하나?

이정민 경제학자의 전망은 두 가지다. 하나는 중국이 고성장을 지속하여 미국경제를 곧 추월한다는 것이다. 그런데 이는 과장된 것이다. 지금도 중국의 공식 성장률은 6.5%이지만 거품을 빼고 나면 4~5%밖에 안 된다. 당분간 미국은 2~3% 성장률은 유지할 것이다. 이러한 계산이라면 미국경제의 상대적인 힘은 최소 50년은 유지될 것이다. 트럼프가 반이민정책을 선포해서 문제가 되지만 미국경제의 힘은 이민자들에게서 나온다. 미국경제가 힘이 있으니 계속 들어오고 수용할 수 있는 것이다.

문제는 국방비 부담이다. 일본은 GDP의 1%를 국방비에 지출한다. 1%선은 금기로 아베라도 어쩌지 못하고 계속 유지될 것이다. 우리는 2.3~2.5% 정도로, 한때 3.1%~3.2%까지 올라갔다가 계속 감소했다. 미국이 바라는 것은 일본과 한국이 국방비를 더 올리는 것이다. 그런데 우리로서는 국방비 지출을 더 늘리는 것이 굉장히 어려워졌다. 고령화로 사회복지비 부담이 큰 폭으로 늘고 있기 때문이다.

조한범 시진핑의 권력 강화 현황과 전망은?

이정민 작년부터 시진핑을 중국의 핵심이라고 호칭하고 있다. 모택동과 덩샤오핑 이후 처음 나타나는 현상이다. 분명 다음 연임은 예정되어 있는 것이고 그 다음에 또 연임이 가능하도록 연임제도를 완화할 가능성이 있다. 나이 상한선을 없앤다는 이야기도 있다.

남기정 일본도 수상의 임기가 정해진 것은 아니지만 집권당의 총재 임기가 3년으로 정해져 있고 연임만 가능했는데, 이번에 자민당이 당 총재를 3번 연임할 수 있도록 허용함에 따라 아베 수상이 9년이나 집권할 수 있는 길이 열렸다.

김형기 우리 외교의 과제이자 딜레마로서 중국, 미국과 둘 다 잘 지내야 하지만 헷징Hedging하기 보다는 미국을 중심으로 해서 중국의 협력을 끌어내야 한다고 했는데 과연 중국이 협조해 줄 것인가?

이정민 굉장히 어려운 문제다. 다음 정권이 사드 문제를 어떻게 해결할지 모르겠지만, 중요한 것은 만약에 우리가 사드 문제에 대해 중국에 굴복한다면 그것으로 그치겠느냐는 것이다. 중국은 다음 요구로 서해에서의 한미군사훈련 중지나 축소를 주장할 것이며 이후 다른 요구가 줄을 이을 것이다. 한국이 추진하는 중요한 무기 중 하나가 초고속 순항미사일(Cruise Missile)이다. 한미 미사일협정으로 사거리가 제한되어 있어서, 한국은 탄두 중량이 500kg을 넘지 않으면 사거리에 관계없이 개발할 수 있고, 미사일 지침의 제약을 받지 않는 순항 미사일 개발에 주력하고 있다. 그런데 이에 대해 미국보다 중국이 더 우려하고 있다. 사거리가 중국 영토까지 미치기 때문이다. 만약 중국이 초고속 순항미사일 개발문제까지 들고 나올 경우에는 어떻게 할 것인가?

조한범 우리는 이미 '현무-3C' 미사일 같은 경우, 사거리 1500km를 달성했고 실전배치되어 있다. 초고속은 아니고 아음속이지만 베이징도 타격이 가능하며 핵탄두 탑재도 가능하다.

이정민 한국은 지금 사드 문제로 중국의 압박을 받는다고 아우성이다. 중국은 한국의 취약점을 너무 빨리 알아차렸다. 이에 대해 반중 감정은 아니라도 한국 국민의 단호한 자세가 매우 중요하다. 예컨대, 언론이나 시민단체들이 우리의 입장을 강하게 표명한다면 우리의 대중국 외교가 힘을 받을 수 있을 것이다. 큰 도움이 안 되더라도 침묵하는 것보다는 훨씬 나을 것이다.

남기정 트럼프로 인해 미국 공화당 내의 균열 움직임은 없는가?

이정민 있다. 공화당도 트럼프가 될 거라 생각을 못했다. 공화당 간부들도, 몇 사람을 제외하고는 선거 막판까지 눈치 보다가 마지못해 지지한 사람들이 대부분이다. 그들은 지금도 소외감을 느끼고 있다. 트럼프의 일방적인 명령에 복종하는 것이 자존심 상할 것이다. 이들은 다음 선거를 생각해야 하므로 앞으로도 공화당과 트럼프 핵심참모 사이의 마찰은 계속될 것이다. 핵심참모 사이에서도 밥그릇 싸움을 할 가능성이 많다. 이 와중에 트럼프는 즉흥적인 결정을 할 거고 기존 엘리트 공화당 세력들은 다음 선거가 있으니까 점점 트럼프와 거리를 둘 것이다.

조한범 트럼프 외교에서 이스라엘의 비중은?

이정민 크다. 트럼프는 이스라엘 대사로 자기의 개인 변호사를 지명했다. 또한 미국대사관을 텔아비브에서 예루살렘으로 옮긴다고 공약했다. 행정부가 있는 수도는 예루살렘이지만 그곳이 분쟁지라는 이유로 텔아비브에 두고 있는 대사관을 이전하면, 팔레스타인은 물론 아랍세계 전체를 자극하게 될 것이다. 트럼프가 외국인 입국비자 제한명령을 내린 것도 중동을 크게 자극하고 있다.

고경빈 트럼프가 미친놈Madman 정책으로 상대방을 예측 불가능하게 해서 실리를 취할 거라는 얘기도 나오는데, 미친놈 개념에는 두 가지 차원이 있다. 하나는 민주사회에서는 수용할 수 없는 극단적인 생각이지만 나름대로는 일관성을 갖고 있는 미친놈이 있고, 다른 하나는 정말 이랬다저랬다 하는 예측 불가능한 미친놈이 있다. 트럼프는 어느 쪽인가?

이정민 전자라고 본다. 예를 들어, 반이민정책에 대해 국무성 관리 1000명이 반대 서명을 하고 있는데 국민의 49%는 지지하고 있다. 트럼프 지지자들은 단순하게 유색인종은 싫으니 미국을 떠나라는 것이다. 트럼프는 이런 정서에 일관되게 맞닿아 있다. 지지세력 자체는 매우 공고하다.

그런데 무엇이 문제인가? 트럼프를 지지한 실직자가 선거 후에 기분 좋게 가족과 외식을 했다. 그 이유가 트럼프가 당선되었으니 자기가 곧 취업할 것이라는 생각 때문이다. 기대치가 너무 높다. 앞으로 6개월 이내에 트럼프가 생각하는 것만큼 일자리가 창출되는 것은 불가능하다. 이렇게 되면 맹목적으로 트럼프를 지지한 사람들의 실망과 소외가 굉장히 커진다. 트럼프가 위기에 빠질 것이다. 미국의 국내 정치는 엄청나게 힘들어지고 그런 와중에 중동문제나 중국과의 마찰이 불거지면 앞을 내다보기 어려울 정도의 위기와 불안이 전 세계를 휩쓸 것이다.

김형기 남남갈등 해소와 초당적 대북정책의 구체적 방안은?

이정민 북한 문제에 있어서 정파 간 가장 큰 차이를 보이는 것은 북한 인권문제다. 야당은 북한 인권문제를 등한시해왔고 여당은 나름대로 부각시켰는데, 문제 해결에 힘을 썼다기보다 정략적으로 활용해왔다. 북한 인권문제는 민족문제이지 여야의 문제가 아니다. 그래서 남남갈등을 봉합할 수 있는 초석으로 북한 인권문제에 대한 국민적 합의가 필요하다.

그 밖에 핵 문제 해결과 관련해서 여러 가지 복안이 나오는데 분명한 것은 북한은 절대 핵을 포기하지 않는다는 사실이다. 야당이 집권하여 북핵 문제 해결을 위해 선불리 북한과 협상하거나 설득하려 든다면 성과가 없을 것이다. 특히나 임기 5년 안에 분홍빛 전망을 좇아서 국민적 기대를 높이는 것은 문제다. 반면에 보수 쪽의 가장 큰 문제는 북한에 대해 강력하게 비판하고 전쟁을 불사할 듯 몰아치면서도 막상 전쟁을 할 용기도 없고, 비현실적으로 이야기만 한다는 것이다.

정책수단은 현실성이 있어야 한다. 보수는 이 점을 반성해야 한다. 인도적 대북지원과 남북경제 교류는 북한 주민들의 민생문제로 당연히 해야 한다. 그리고 대화도 해야 한다. 차기 정부는 북한 인권문제에 대해 명확한 입장을 표명하고 대북지원과 경제협력을 하면서 문제를 풀어야 한다.

김형기 마침 국회에서 북한인권법이 통과됐고, 관련 재단도 만들었다면 어느 정도 양 진영을 충족시킬 충분한 기초는 되었다고 본다. 자유권적 인권과 생존권적 인권의 두 차원을 병행해서 풀어나가면 될 것이다.

이정민 병행해야 한다. 유엔에서 매년 북한 인권문제를 결의하는데 이것은 찬성해야 된다. 전 세계가 북한제재에 동참하는데 우리만 참여하지 않으면, 한반도에 문제가 생겼을 때 국제사회가 우리를 지원할 가능성이 낮아진다.

남기정 인권문제에 대한 정책도 현실성이 있어야 한다. 과연 어느 정도까지 제기하는 것이 실현가능성이 있는가를 생각해야 한다. 한 사회의 인권상황을 바꿔 나가자는 목표를 세울 때 이에 접근하는 방식은 여러 가지가 있다. 인권문제를 내걸지 않고 접근할 때 오히려 인권이 개선되는 사례가 많다. 예컨대, 모순이 많긴 하지만 일본의 중앙아시아 인권정책은 경제지원을 우선해서 일단 그 사회를 성숙시키는 노력을 해야 한다는 것이 기본입장이다. 반면 같은 접근방법을 북한에는 적용하지 않는다. 굉장히 정치적이라는 것이다. 그렇기 때문에 받아들이는 쪽에 거부할 구실을 주고 경제협력이나 인도적 지원도 잘 안 하는 것 같다.

이정민 그런 면이 있다. 예를 들어 미얀마가 군부독재 하에 있을 때 서방에서는 계속 제재를 가하고 절대로 미얀마하고는 교류하지 말라고 했다. 그런데 일부 전문가들은 미얀마 시민사회와의 교류가 유지되어야 장기적인 안목에서 인권개선의 여지가 생긴다고 제기했다.

김형기 어쨌든 한국 외교가 큰 시련을 만났고 슬기롭게 대처하기 위해서는 북한 문제에 대한 남남갈등을 극복하고 초당적으로 대처해야 한다는 당연한 결론을 다시 한번 확인했다.

[평화재단 평화연구원 제75차 전문가포럼]

8 미중 패권경쟁과 한반도, 우리는 어떻게 돌고래가 될 것인가

일시 2017년 4월 17일(월)

장소 세종문화회관 예인홀

발표 이혜정 (중앙대학교 정치국제학과 교수)

동용승 (굿파머스연구소 소장)

구해우 (미래전략연구원 이사장)

토론 이문기 (세종대학교 중국통상학과 교수)

이정철 (숭실대학교 정치외교학과 교수)

홍현익 (세종연구소 수석연구위원)

발표 1 | 이혜정

미국 패권의 쇠퇴, 한미동맹의 재조정 시급

미중 정상회담 이후 주변국과 북한의 움직임이 심상치 않은 상황이다. 4월 초 미중 정상회담은 공식발표가 없어서 내용을 제대로 알 수 없지만, 트럼프가 트위터로 여러 얘기를 하고 있으며, 한반도 정세는 출렁이고 있다. 국제 단극單極시대는 끝났다고 미국 NIC(국가정보위원회) 보고서가 나왔다. 트럼프의 미국은 중국에게 미국의 세계체제에 합류해 이해 상관자(Stake-Holder)가 되라고 할 의사도 능력도 없다고 본다. 미국 패권의 쇠퇴는 늘 미국에서 먼저 얘기가 나온다. 미국은 스스로 이런 경고를 통해 패권을 보전하려는 목적이 있다. 중국을 세계자본주의 시장에 편입시키면 중국이 미국질서 안에서 성장하면서 정치적 민주주의를 이루고 미국에 도전하지 않을 것이라는 미국의 기대는 깨졌다. 트럼프는 오히려 중국이 WTO에 가입하면서 미국 일자리를 모두 가져갔다고 말했다.

미국 중심의 단극체제에 대한 전제들이 모두 흔들리고 있다. 첫째, 미군사력이 세계적으로는 여전히 압도적이지만 지역적으로는 흔들리고 있으며, 둘째, 금융위기 이후 미국의 대서양 동맹체제가 이완되었고, 셋째, 중국의 세계자본주의 시장 참여에 대한 기대가 빗나갔으며, 넷째, 강대국 간 전쟁 가능성이 부활하였고, 다섯째, 민주주의 확산으로 세계평화가 유지된다는 전망과 달리 선진국에서부터 민중적 반발이 나오고 있으며, 여섯째, 신자유주의와 세계화의 역진逆進 가능성이 대두하였고, 마지막으로, 기술진보에 의한 낙관론이 4차 산업혁명으로 흔들리고 있다.

북한에 대해서도 비슷하다. 핸드폰이 보급될수록 김정은 노동당위원장(이하 김정은) 체제가 흔들릴 것이라는 기대가 무너지고 있다. 중국처럼, 디지털 통제나 독재가 가능하다. 반면 선진국에서는 여론조작으로 정치적 급진주의가 득세하기도 했다. 트럼프는 SNS로 주류 언론을 이겼다. 결론적으로, 미국의 패권기반에 대한 회의 속에서 이번 미중 정상회담이 열렸다. 국무장관 브리핑에서 '북한의 비핵화'가 아니라 '한반도 비핵화'라고 언급한 부분과 미중이 '상호존중'하면서 북한을 설득한다고 강조한 부분이 주목된다. 상호존중은 중국의 신형대국관계 수립 요구와 연관지어 볼 수 있다. 미국은 중국을 환율조작국으로 지정하지 않았다. 북한 문제와 관련해서 중국과 빅딜을 했다는 것인데 그것은 트럼프식 설명이고, 실상은 가장 중요한 경제이슈를 100일 계획이나 4개 분과협의를 구실로 미뤄 놓은 것이다.

미국의 시리아 공습과 아프가니스탄 폭탄투하도 사실은 트럼프 자신의 대선공약을 뒤집은 것으로 Trump Reversal로 해석된다. 아프간에 폭탄 하나 떨어뜨린다고 상황이 바뀌는 것은 없으며, 시리아 내전에 개입하지 않겠다는 자신의 공약을 아무런 전략전술 없이 뒤집었다. 지금 한반도 위기가 조성되고 있는데 미국의 움직임에 너무 많은 의미를 두는 것은 아닌지, 트럼프의 이야기를 너무 많이 믿어주고 있는 것은 아닌지 의심스럽다.

트럼프가 지금까지 한 행동을 보면 준비가 안 된 대통령임이 분명하다. 미국 역대 정권 중에서 대통령과 국무장관이 이렇게 국정과 공직 경험이 없던 적은 없었다. 군사력은 세지만 외교능력은 엉망이다. 틸러슨 국무장관도 엑슨모빌의 경영자로 글로벌 경영의 경험은 있지만 공적인 외교는 차원이 다른 문제다.

한국에 제대로 된 자본가가 있었다면 사드 배치를 반대했어야 했다. 금강산관광 중단으로 지역경제가 입은 피해와 개성공단 폐쇄로 일부 중소기업이 본 피해와는 비교할 수 없을 정도로 심각하게 중국의 경제보복을 받고 있다.

미국이 북한을 선제공격할 것인가 하는 물음은 우리에게 적절하지 않다. 우리는 제3자가 아니다. 한반도에 전쟁이 나면 미래가 없으므로 전쟁이나 군사적 옵션은 받을 수 없다고 해야 한다. 이제

한미동맹의 관성으로 평화와 안전이 지켜질 수 없는 상태다. 한반도가 이미 미중의 전략경쟁 구도 안에 들어갔기 때문에 외줄타기식의 미국 유일주의로는 문제가 풀리지 않는다. 트럼프는 미국 내에서 오히려 미국적 가치를 훼손하고 있다고 비판받고 있다. 트럼프는 미국의 가치를 수출할 생각이 없기 때문에 가치동맹은 외교적 수사에 불과하다. 북한 문제에 대해서 당장 군사적 옵션을 쓰지 않겠다고 하지만 한미군사훈련이 있는 8월에 또 위기가 온다. 이대로 간다면 한국은 상시적 안보위기에 빠지게 된다. 한미동맹 재조정이 필요하다.

발표 2 | 동용승

테이블 위로 올라온 북한 문제, 대화로 물꼬 터야

북한의 대남위협이 고조되는 것은 한미군사훈련 시기와 관련된다. 북한군의 연간 군사훈련계획은 당연히 한미군사훈련에 맞춰 준비된다. 특히 천안함 사건 이후 유례없이 강한 한미군사훈련이 진행되고 있으며 한미의 막강한 화력이 불시에 북한으로 넘어올 것에 대비하여 맞대응하는 것이다. 지금까지 김정은이 굉장히 비이성적이고 즉흥적이며 폭력적이라는 인식이 지배적이었다. 여기에 젊고 안하무인격인 모습까지 겹쳐 우리의 판단을 흐리게 하고 있다. 언론 정보는 이런 것들로 가득 차 있다. 만약, 북한이 비이성적이라면 우리 대응은 완전히 달라져야 한다. 상대가 이성적 행동을 하리라는 전제가 있어야만 차분하고 냉정한 대응전략이 나올 수 있다. 그러나 북한은 오히려 상당히 안정적이고 냉정한 행동을 취해 왔다고 볼 수 있다.

근거는 아래 다섯 가지다. 첫째는 북한이 처해 있는 상황이다.

완전하게 폐쇄된 봉건왕조이며 왕의 권력이 절대적인 체제다. 이러한 북한의 현실에 기초해서 장성택 처형이라든가, 최근의 김정남 암살 문제들도 봉건왕조라는 관점에서 접근해야 한다.

둘째는 내부 변화를 주목해야 한다. 북한의 식량사정은 어느 정도 호전되었다. 엄청난 압박과 제재상황에서 경제를 해결하려면 상당한 지도력이 있어야 한다. 일부 개혁조치가 이루어지고 있다. 포전담당제와 사회주의 기업경영책임제는 국가소유단계에서 협동소유단계로 한발 후퇴하면서 생산성을 높이려는 시도이다. 과거에는 이것이 시장과 개혁의 충돌로 나타났겠지만 지금은 시장과 개혁의 타협, 즉 시장의 자본과 외화를 중앙으로 끌어들이는 시도로 성공하고 있다.

셋째는 북한의 군사작전 수행범위가 한반도 지역을 넘어 미국 태평양사령부를 작전 반경으로 보고 있다는 점이다. 한반도 정세를 판단하는 데 있어서 우리와 같이 한반도 중심이 아니라는 것이다. 북한의 위협이 동북아지역으로 언제든지 확장될 가능성을 지속적으로 암시하고 있다.

넷째, 김정남 피살사건의 사후처리 과정이 조용하게 이뤄졌다. 상당한 외교능력이다. 장성택을 처형하면서 연루된 인물 중에 김정남이 있었고 언젠가는 처치하라는 언급이 있었을 것이다. 지난해 북한의 보위부 정비작업이 강력하게 진행되었는데, 이 과정에서 보위부는 김정은의 지시를 빨리 수행해야 할 필요성이 있었을 것이다. 급하게 이를 수행하면서 암살사건이 노출되었다. 김정은은 무척 화를 냈을 것이다. 그렇지만 이것을 외교적으로 푸는 숙제가 남아있었다. 김정은은 일 처리를 미숙하게 한 자를 처벌하기보다 원만한 수습을 하는 데 중점을 두었다. 그리고 이를 해냈다. 김정남 시신을 북한으로 가지고 가는 데 성공한 것이다.

다섯째, 북한은 미국과 직접 담판을 원하고 있다. 그런데 미국과 직접 담판을 하려면 미국이 북한을 정책 우선순위 테이블에 올려놓는 것이 필요하다. 오바마 정부 때는 테이블 위로 올려놓지 않았다. 지금은 테이블에 올라왔다. 북한 입장에서 본다면 성공한 것이다. 위기가 고조됐든 어쨌든 북한 문제가 테이블 위에 올라왔고 정책 최우선 순위로 자리매김하게 했다는 것 자체가 성공이다.

이런 점들을 놓고 보면 김정은이 그렇게 간단한 인물이 아닐 수 있다. 북한이 핵실험이나 대륙간탄도미사일(ICBM) 발사를 단행할 것인가는 예단하기 힘들지만 몇 가지 측면을 고려해야 한다. 첫째는 자주성 문제다. 자기들의 계획된 일정대로 가는 것이다. 예정된 핵실험과 발사일정이 있는 것이다. 둘째는 대미관계다. 미국 상황을 판단하고 움직이는 것이다. 김정은이 그 시점을 결정할 것이다. 대남관계도 고려할 것이다. 이런 점에서 보면, 지금 북한이 무모한 행동을 택할 시기는 아니다. 더욱이 ICBM 같은 경우는 외부적으로 과시할 수는 있지만 실제로 발사를 하게 되면 미국의 레드라인을 넘는 것으로 생각할 것이다. 핵실험은 차원이 다르다. 이것은 미국에 직접 위협은 아니기 때문에 위기를 더욱 고조시킬 필요가 있다면 핵실험을 할 수 있다고 본다.

북한은 자기 기본노선은 유지하면서 중요한 문제에서는 상대가 어떻게 움직이느냐에 따라 맞대응하는 패턴을 가지고 있다. 북한이 가지고 있는 힘이 상대편의 힘을 압도할 수 없기 때문에 상대편이 나오는 것을 보고 움직일 수밖에 없을 것이다. 그러면 이런 북한을 어떻게 다뤄야 할 것인가? 우선 대화 테이블을 만드는 것이 가장 중요할 것이다. DJ나 노무현 정부 햇볕정책에 대해서 미국과 일본이 동조하는 모습을 보였는데 그 당시 이들 국가는 북한을 다루는 것보다 한미일 동맹을 유지하는 것이 더 중요했기 때문이다. 북한이 실제로 심각한 문제를 일으킬 수 있는 상황이라면, 우리가 주도해서 대화 테이블을 만드는데 미국과 일본이 동조를 안 할 이유가 없다. 우리가 중국으로 편향되는 것에 대한 견제가 필요하기 때문이다. 특히 지금은 더 중대한 시점으로 보인다.

발표 3 | 구해우

민족주의에 대한 근본적 고민으로 대북전략과 한미동맹 전략 세워야

한반도가 미국과 중국이 두는 장기판에서 졸卒이 되어가는 것 같다. 북한은 자신의 국가전략, 통일전략에 대해 사상적 관점도 있고 국가전략에서도 왜 핵무기 보유국가가 되어야 하는지에 대해 외부의 부정적 시각과 상관없이 일단 정리되어 있다. 문제는 한국이다. 한국은 민족문제에 대해 정리된 관점도 없고 통일된 국가전략도 없기 때문에 결과적으로 어떠한 대응도 제대로 하지 못하는 상황으로 빨려 들어가고 있다. 이명박과 박근혜 정부의 대북압박 일변도의 정책은 실패했다. 압박도 제대로 못 했다. 그 사이 북한의 핵무장이 본격화되었으며 동북아에서 중국의 부상과 패권주의적 성향도 확연해졌다. 이러한 두 가지 핵심적 변화를 보면 대북정책이 과거의 햇볕정책으로 돌아가도 유효하지 못할 것이다. 대북정책은 진화해야 한다. 대북봉쇄는 10년 가까이 시행했지만 이미 실패가 증명됐다. 2010년 이후 대북봉쇄 정책은 기본적으로 북한에 대한 이해가 전혀 없는 정책이다. 이제는 기존의 햇볕정책과 압박정책을 넘어선 제3의 정책이 필요하다.

특히 최근 정세를 가장 상징적으로 보여주는 것이 지난 3월 6일 북한의 미사일 4발 동시 발사 장면이다. 지금 북미 간 충돌 가능성이 거론되는데, 하나는 북한의 핵미사일 능력이 실제 미국에 위협이 되고 있다는 것이다. 핵과 대륙간탄도미사일이 결합하는 마지막 단계에 와있기 때문에 대북압력이 강할 수밖에 없다. 또 한 가지는 예측 불가능한 트럼프 정부의 등장이다. 오바마 정부라면 이런 충돌 가능성이 거론되지 않았을 것이다. 트럼프의 미국 우선주의는 고립주의 정책이 아니다. 그 핵심내용은 경제민족주의다. 미국이 군사력을 활용해 경제적 이익을 챙긴다는 것이지 고립주의를 취해 국제문제에 간섭하지 않겠다는 것이 아니다.

여기다 트럼프의 핵심참모인 매티스 국방장관, 맥마스터 국가안보보좌관 같은 사람들은 미국 역사에서 한 세대에 한 명 나올까 말까 한 전쟁의 전문가들이다. 강경파들이다. 그렇기 때문에 북미 충돌 가능성이 높아졌다. 북한은 이런 상황에 맞춰 나름의 대응을 하는 것이다. 미국의 대북 선제타격론이 거론되는 중에 북한이 3월 6일, 4발의 미사일을 동시 발사했다. 단순한 테스트가 아니라 핵탄 탑재를 전제로 한 군사훈련이다. 일본까지 공격하겠다는 의도다. 미국은 경우에 따라서 한반도에서의 전쟁을 상정할 수도 있다. 그런데 일본이 전쟁터가 되는 것은 다른 문제이므로 선택하기 힘든 상황이다. 그렇기 때문에 북한은 너희들이 선제타격하면 남한을 공격하는 것이 아니라 일본까지 공격하겠다는 의사를 표시한 것이다. 그래서 미국은 주저할 수밖에 없다.

문제는 '우리는 어떻게 해야 하는가?'이다. 북한은 왜 핵보유국이 되고자 하는지를 주체사상과 군사전략 측면에서 스스로 정리했다. 반면 우리는 한미동맹조차 세계적 환경과 정세 흐름이 바뀌고 있는 것을 반영하지 못하고 있다. 세계는 이제 다극체제로 가고 있다. 다극체제의 핵심배경은 민족주의다. 푸틴의 러시아 민족주의든, 시진핑의 중화민족주의든, 터키의 투르크 민족주의든, 영국의 브렉시트조차도 민족주의와 관련해서 설명할 수 있다. 이런 민족주의 흐름 속에서 우리는 어떻게 민족주의에 대한 관점을 가질 것인지를 근본적으로 고민해야 한다. 한미동맹도 냉전시기 방식의 동맹으로는 이제는 생존할 수 없다. 새로운 민족주의시대에 조응하는 한미동맹 전략이 나와야 한다. 박근혜 정부가 일관되게 친미정부였던가? 그렇지 않다고 본다. 박근혜 정부는 2015년 말까지의 정책과 2016년 북 핵실험 이후의 정책이 180도 달라졌다. 2016년 1월 핵실험 전까지는 오히려 친중정책을 주로 해왔다. 어찌 보면 역대 정권 중 가장 높은 수준의 친중정책을 펼쳤다. 그것이 2016년 핵실험 이후에 180도 바뀌었고 그 과정에서 사드 배치가 결정됐던 것이다.

사드 문제에 대한 전략적 모호성은 박근혜 정부가 2013년부터 2015년 말까지 취해왔던 입장이다. 사드 문제에 대해서도 만약 배치 결정을 철회하게 된다면 전쟁 가능성을 높이게 되는지 평화에 기여하게 되는지를 냉정하게 평가해야 한다. 사드의 기본목적은 솔직히 말한다면, 우리 국민을 보호하기 위한 것이 아니고 주한미군을 방어하는 것이다. 주한미군이 3만 명 가까이 되는데 사드를 배치하지 않으면 굉장히 취약하다. 사드가 모든 걸 해결하진 않지만 방어의 중추가 되기 때문이다. 이를 철회하면 맥마스터나 매티스 등 전쟁 전문가들이 가만히 있겠는가? 한반도 평화문제도 사드 문제도 이성적으로 분석 평가할 필요가 있다.

북한 문제 해법은 베트남 모델을 고려해야 한다. 베트남도 미국과 전쟁한 국가다. 철저한 반미국가였지만 미국과 관계 정상화를 했고 시장을 개방했다. 레짐 체인지Regime Change가 아니라 레짐 에볼루션Regime Evolution을 통해서 베트남 국가정책이 바뀌었고 베트남과 미국의 관계가 정상화된 것이다. 이 과정에서 베트남과 미국의 갈등이 자연스럽게 해결되었다. 이것을 적용해서 북한이 시장경제를 통해 레짐 에볼루션과 정책변화를 할 수 있도록 유도할 때 북핵 문제도 단계적으로 해결할 수 있다. 우선 핵 개발 동결과 비확산에 합의하고 그다음에 완전하게 해결하는 단계에서는 레짐 에볼루션이 된 상태를 전제로 해야 한다. 그 과정에서 맞춤형 대북전략이 필요하다. 현재 동북아정책에서는 미국 협조 없이는 남북경제협력이든가 개성공단 재개문제도 한계가 있을 수밖에 없다. 남북경협을 적극적으로 확대하기 위해서라도 한미 간의 긴밀한 협의가 필요하다.

토론

이문기 이번 미중 정상회담에서 공식발표문은 없었지만 북한 문제가 최우선 의제로 등장했다는 것은 이례적이다. 오바마 시절에는 후순위 의제였다. 정상회담 직후 우다웨이 중국 한반도 특별대표가 방한했다. 중국은 이미 한반도 안정화 정책기조를 정했다. 쌍중단雙中斷과 쌍궤병행雙軌竝行이다. 한미군사훈련과 핵미사일실험의 중단과 북한의 비핵화와 평화체제 협의를 동시에 진행하자는 것이다. 미중 정상회담에서 한반도 위기관리, 북핵 문제 해법이 중요한 의제였고 사드 문제는 후순위였다.

방한 중인 펜스 부통령도 우다웨이처럼 한반도 위기관리에 논의를 집중했고, 특별기 안에서 백악관 외교관과의 대화에서 사드 배치는 한국의 차기 대통령이 결정할 문제라는 돌출 발언도 나왔다. 이례적이다. 이런 입장은 황교안 대행과 회담 후 원론적으로 정리되었지만 주목되는 것은 돌출적인 발언이 종종 팩트에 더 가깝다는점이다.

미국은 여전히 "선제타격을 비롯한 모든 옵션이 테이블 위에 있다"고 일관되게 말하고 있으며 미국언론도 예전보다 강하게 한반도 위기론을 언급하고 있다. 그래서 전반적으로 현재 한반도 정세가 위기상황인 것으로 받아들이고 있지만, 미중 정상회담 이후 중국이 발 빠른 외교 행보를 보이고 있다는 점에 주목해야 한다. 북한에 원유공급을 중단할 수 있다는 중국의 강한 압박 메시지와 함께 북한이 우다웨이의 방북을 거절했다는 이야기도 나온다. 북한이 우다웨이와 공개적인 만남을 가지면 성과를 내야 하는데 이에 대해 부담을 느끼는 것 같다.

대만언론은 중국과 북한이 현재 물밑협상을 하고 있다고 보도하면서 비핵화 프로세스를 3년으로 하자는 북한에 중국이 3개월로 해야 한다고 했다는 것이다. 이런 뉴스를 모아보면 미중 정상회담을 기점으로 조율이 진행되고 있다고 짐작된다.

미중 간 핵심이슈는 경제통상 영역이었다. 형식적으로는 100일간 팀을 꾸려서 협상하자고 했는데, 결국은 북핵 이슈와 통상 이슈를 맞교환하면서 100일 동안 통상문제는 유예하고 북핵 문제를 미중이 합의된 방안으로 풀어 가보자고 하지 않았나 짐작된다. 사실상 중국이 통상문제에 대해 스스로의 해법을 만드는데 100일 동안을 기다려주겠다는 것이 미국의 생각이 아닌가 싶다. 이런 추론이 맞다면 한반도 위기관리 해법은 미중 간 협상에 완전히 공이 넘어가 버린, 다시 말해서 남과 북이 배제된 상황이라고 본다.

이런 사례가 역사적으로 많았다. 갑신정변 직후 일본과 중국의 영향력이 충돌했는데, 두 나라는 톈진에서 만나 톈진조약을 체결했다. 앞으로 조선에 위기상황이 발생하여 병력을 투입할 때 반드시 상대에게 통보할 것에 합의했다. 이후 동학혁명까지 10년 동안 조선에 대단히 불안한 평화가 지속되었다.

미중 사이에 선택 가능한 옵션이 4가지 있다. 첫째, 대북 선제타격, 둘째, 미중이 합의하는 고강도 대북압박, 셋째, 현재 상황의 지속, 넷째, 북한과 대화와 협상이다. 이중 둘째와 넷째 옵션의 가능성이 높다. 향후 3~6개월 사이에 벌어질 일이다.

이정철 북한을 보는 키워드는 세 가지다. 첫째는 합리적 비합리성(Rational Irrationality)이다. 북한은 고도로 계산된 비합리성을 추구하고 있다. 둘째가 예측 가능한 예측 불가능성(Predictable Unpredictability) 이다. 북한이 예측 불가능성을 보이지만 그것이 뭔가 이유를 가지고 있다는 것, 즉 그것을 하나의 상수로 봐야 한다는 것이다. 셋째는 독재 국가의 탄력성(Resilience)이다. 북한의 붕괴가 불가피하다는 기대에도 불구하고 북한은 아직 버티고 있다.

이런 프레임으로 북한의 도발, 핵실험과 ICBM 발사 여부를 분석해야 한다. 이유 없는 도발은 없다는 기존의 북한행태를 예측해보면, 현재의 물밑협상이 깨지면 도발할 것이고, 무엇인가 협상이 진행되고 있다면 도발도 유예될 것이다. 협상내용은 최근에 중국이 중재안으로 던진 쌍중단과 쌍궤병행일 것이다. 첫째, 비핵화 수준을 어느 정도 기간을 거쳐 실행할 것인가가 미국 측 조치수준과 연계되어 쟁점이 되겠고, 그 핵심은 CVID(Complete, Verifiable, Irreversible Dismantlement)이다.

둘째, 평화협정의 시점과 수위다. 노무현 정부 시절에 우선 종전선언을 하고 협상 말기에 평화협정을 체결한다는 평화프로세스가 준비된 적이 있다. 그런데 지금 북한은 협상 초기에 평화협정 협상에 들어가야 한다는 주장을 하는 것 같다. 요컨대, 현재는 평화협정 시점에 대한 쟁점이 비핵화 수준에 대한 이견과 맞물려서 서로 힘겨루기를 하고 있다고 예측할 수 있다. 협상 결과 비핵화에 걸리는 시간이 3개월이 되든 3년이 되든 30년이 되든 그 기간 동안 북한은 핵보유국이고 우리는 비핵국가다. 비대칭적 상황이다. 우리는 이러한 비대칭적 상황에 대한 거버넌스를 준비해야 한다.

일부 보수주의자들을 중심으로 비대칭적 상황은 우리에게 불리하기 때문에 확장억제만으로는 부족하고 핵무장이나 미국의 전술핵을 다시 불러들이자는 논의가 있지만 반대한다. 우리는 평화국가이고 비핵국가여야 한다는 시민적 합의가 관철되어야 한다. 남북 비대칭 상황에서 어떠한 거버넌스로 갈등관리를 할 것인가가 평화체제의 중요 내용이 될 것이다.

그동안 한미동맹을 신줏단지처럼 모시고 안보를 운용해 왔던 한국의 국가모델에 새로운 변화를 모색해야 한다. 최근 우리는 단극체제와 신자유주의의 해체, 대의민주주의와 정당정치의 붕괴 상황 속에서 정치모델이 표류하고 있다. 탄핵과정에서 국가권력이 재벌을 통제할 수 있는 메커니즘을 상실했기 때문에 여러 위기가 가중되고 있다. 시민사회가 이에 통제력을 전혀 발동할 수 없는 상황이 올 수 있다. 그래서 사회협약이 필요하다. 외교·안보·통일문제에 대한 시민적 통제권이 회복되지 않는 한 우리 국가모델이 중심을 잡지 못하는 불안정한 체제가 지속될 것이다.

홍현익 클린턴이 1994년에 북한을 공습하려고 검토했다가 포기했다. 시뮬레이션 결과 예상되는 피해가 당시 한국인 150만 명, 미군 5만 명이 사상된다고 나왔다. 이런 결과는 북한에 핵무기가 없었을 때 나왔다. 지금은 북한이 핵무기를 갖고 있으므로 훨씬 더 큰 피해가 예상된다. 사드를 배치하면 북한의 핵미사일을 막을 수 있다는 것은 환상이다. 5분 이내에 날아오는 북한의 미사일이 500개가 있다. 2년 전에 말레이시아 항공기 한 대가 공중에서 사라졌는데 아직 찾지도 못했다. 그런데 북한에서 날아오는 그 빠른 500발의 미사일을 막을 수 있다고 하는 것은 말이 안 된다.

우리가 진정으로 북한 핵을 막고 싶으면 우리도 핵무기를 가져야 한다. 그러나 그건 불가능하므로 1991년에 철수한 미국의 전술

핵을 한시적 조건부로 재배치해야 한다. 이렇게 북한에 대해 공포의 균형을 이룰 수 있는 대칭 무기가 아닌 사드를 가지고는 북한 핵무기를 철저하게 억지할 수 없다. 2005년 9·19 성명과 2007년 2·13 합의로 북한 핵무기 개발과정은 중단되었고 불능화 조치가 90%까지 되었다. 그런데 핵 폐기과정에 진입하기도 전에 미국이 엄격한 검증이 먼저 이루어져야 한다고 제기하는 바람에 협상이 결렬됐다. 이후 지금까지 9년간 협상이 중단되고 있다. 이 틈에 북한 핵무기의 고도화 수준은 신속하게 그리고 크게 높아졌다.

지난 보수 정부 9년의 대북정책에 대해 뼈아픈 반성이 있어야 한다. 물론 필요하다면 대북강경정책을 쓸 수도 있다. 그런데 적어도 북한 핵을 동결이라도 시켜놓으면서 추진했어야 했다.

미국도 마찬가지다. 오바마의 한반도정책은 유감이다. 그러나 오바마는 미국 국익에 이롭게 행동했다. 당시 미국은 북핵 문제보다는 중국에 대항하는 한미일 동맹이 중요하니까 미일동맹을 강화하고, 한일정보보호협정까지 뒤에서 재촉해서 만들어 놓고 한국을 미사일방어망 체계에 편입시켰다. 미국은 한국과 일본의 비용으로 중국을 견제하도록 만들어 놓은 것이다. 미국의 입장에서는 현명한 정책이었지만 문제는 한국의 국익과는 배치된 것이라는 점이다.

지난 보수 정부들은 미국이 북한과 대화하려면 만류했다. 차라리 가만히나 있지 미국이 북한과 대화하려 할 때마다 우리 정부가 막아섰던 것이다. 그래서 6자 회담을 한 번도 못 했다. 아니면 북핵을 동결시키는 대안이라도 있어야 했다. 사드는 한국의 안보에는 거의 효용이 없다. 그러나 미국과 일본에는 엄청난 전략적 이익을 준다. 우리 정부는 사드 배치를 원하지 않는다고 해야 했다. 그런데도 미국이 주한미군을 철수한다고까지 하면서 사드 배치를 원한다면, 그때 가서 우리가 한미동맹을 깰 수 없으니까 어쩔 수 없이 받아들인다는 형식으로 수용했으면 중국에 이렇게 보복받을 일은 없었을 것이다. 아니면 미국에 사드는 미국과 일본의 이익을 위한 것이니 주한미군 방어를 위해서 배치하겠다면 중국이 한국에 보복하지 않겠다는 다짐을 받아놓고 배치하라고 요구했어야 했다. 그런데 사드가 한국 안보에 필요해서 배치한다고 하니 중국이 한국을 때리는 것이다.

또한 한미 간 협의 채널이 있고 없고가 중요한 것이 아니라 그 채널을 통해 어떤 내용을 주장하느냐가 더욱 중요하다. 우리가 잘못된 전략을 주장하면서 협의하면, 차라리 안 하는 것만 못하다. 앞으로 한반도의 긴장은 더 고조될 것이다. 그런데 실제로 북한이 핵실험을 감행해도 미국이 공습하기 어렵다. 북한이 장거리 미사일을 쏘면 미국이 요격할 수는 있지만 실패 가능성 때문에 주저할 것이다. 지금 고조되는 긴장은 지난 9년간 서로의 강경정책으로 인한 것이다. 긴장이 최고도로 고조되어 한국과 중국은 물론이고 북한과 미국도 출구를 찾게 될 때, 북미 간에 빅딜을 염두에 둔 협상이 시작될 가능성이 있다. 이때 우리의 역할이 없다면 한국의 국익은 또다시 크게 손상될 수 있다.

이혜정 이번 사드 문제에서 보았듯이 한미가 합의한 내용을 미중 합의로 변경할 수 있다는 것이 한미동맹이 보여주는 취약점이다. 한미동맹이 갖는 기본적인 비대칭성이다. 우리는 한미동맹을 따라갈 수밖에 없지만 미국의 입장에서는 전 세계적 군사전략에 따라 언제든지 변경할 수 있다.

구해우 지난 3월 6일에 있었던 북한의 미사일 4발 동시 발사는 일본 내 미군기지를 공격하는 훈련으로 미군이 북한을 선제공격하면, 일본까지 공격할 수 있다는 메시지를 보낸 것으로, 미국이 북한을 함부로 선제타격하지 못하게 하려는 의도로 보인다.

동용승 트럼프 정부는 북한 문제를 테이블에 올려놓았지만, 조커 개념으로 보인다. 기본적으로 중국과의 관계를 핵심으로 하는 중에 북한카드를 대중국 외교의 조커로 활용하지 않을까 생각한다.

이혜정 한미동맹과 관련해 미국이 주한미군 3만 명을 위해 백만 명이 넘는 한국인의 희생을 무릅쓰고 북한을 선제공격한다는 것은 넌센스다. 만약 그럴 수 있다면 이런 동맹은 한국 국익에 반하기 때문에 깨야 한다. 굳건한 한미동맹은 좋지만 동맹은 각국의 이해를 조율하는 것이지 한국의 국익 위에 있지는 않다. 절대적인 안보는 있을 수 없기 때문에 어떤 위험을 감수하는 것에 대해 최소한 상식적인 판단을 해야 한다.

이문기 서구적 합리성에서는 청사진이 있어야 집을 짓는데 중국은 청사진이 없이도 집을 잘 짓는다. 앞으로도 그렇게 갈 것이다. 트럼프가 협상의 달인이라고 굉장히 강조하는데 협상에 관한 한 중국의 능력도 못지않다. 오히려 조급한 트럼프를 훨씬 능숙하게 다룰 가능성이 높다. 단기적으로는 미국이 고조시키는 위기에 끌려가는 것처럼 보여도 앞으로 4~5년 후면 세계질서에 대해 중국의 영향력이 부쩍 커질 수 있다.

홍현익 한중관계가 중요한 건 경제보복 때문만이 아니다. 우리의 미래에 소중한 과제들을 달성하기 위해 중국의 협력이 긴요하기 때문이다. 북핵 문제 해결, 한반도 평화체제 구축, 북한 급변사태가 일어났을 때의 원활한 수습, 그리고 평화통일 등 중차대한 국가과제들은 오히려 미국보다 중국의 협력이 필수적이다. 그 모든 것을 사드 하나로 포기하는 건 정말 어리석은 일이다. 만약 배치한다면 하나의 조건, 즉 북핵 문제가 해결되면 철수한다는 것을 강조해야 한다. 그러려면 북핵 문제 해결을 위한 협상에 들어가야 한다. 협상마저 기피하거나 막아서면서 사드 배치를 하면 안 된다. 설사 배치하더라도 한국형 미사일방어체제가 구축된 뒤에는 사드 철수를 요청하겠다고 한다면 중국의 반발을 크게 무마할 수 있다.

구해우 동맹을 강조한다고 자주적인 안보전략과 충돌되는 건 아니다. 자강적인 안보전략과 동맹전략은 병행해야 하며 자강안보가 중심이고 동맹적인 안보전략은 보완책인데 마치 이것이 충돌하는 것처럼 논쟁하는 것은 소모적이다. 시대적 흐름에 맞게 자주적 안보전략을 세우되 세계질서가 완벽하지 않기 때문에 독일처럼 동맹체제를 보완적인 차원에서 구축해야 한다.

김형기 오늘 전문가 포럼에서 현재 횡행하는 한반도 위기설의 실체를 확인할 수 있었다. 앞으로 새 정부가 출범하면 남북관계나 평화문제가 풀리고 우리가 고래들 틈에서 돌고래로 살아남을 기회를 만들어가야 할 것이다. 여러분의 진지한 참여에 다시 한번 감사드린다.

발제자 및 토론자 약력

김형기 **현재** 평화재단 평화연구원 원장
이전 통일부 차관, 통일부 정책실장, 정보분석실장, 남북대화사무국장
경남대, 연세대 초빙교수

고경빈 **현재** 평화재단 이사
이전 통일부 정책홍보본부장
개성공단사업지원단장
사회문화교류국장

김준형 **현재** 한동대학교 국제어문학부 조교수
이전 한반도평화포럼 기획위원장
미래전략연구원 외교안보전략센터 센터장
풀브라이트 미국 교환교수

남기정 **현재** 서울대학교 일본연구소 교수
이전 국민대학교 교수
일본 도호쿠대학교 교수
일본 도쿄대학 사회과학대학 객원교수

동용승 **현재** 굿파머스연구소 소장
이전 삼성경제연구소 북한연구팀장, 경제안보팀장
통일부 자문위원

신상진 **현재** 광운대학교 동북아대 국제협력학부 교수
이전 청와대 NSC 자문위원
청와대 NSC 전략기획실 국장
통일연구원 국제관계 연구실장

이새롬 **현재** 사단법인 좋은벗들 사무국장
이전 평화재단 평화연구원 팀장

이정민 **현재** 연세대학교 국제학대학원 부교수
외교부 국가안보문제담당대사
한국국제정치학회 이사
국가안보회의 자문위원

조한범 **현재** 통일연구원 선임연구위원
이전 대통령직 인수위원회 자문위원
국무조정실 평가위원
통일부 규제심의위원

촛불 이후 한반도의 평화와 안보

초판 1쇄 인쇄 | 2017년 6월 25일
초판 1쇄 발행 | 2017년 6월 30일

지은이 평화재단

펴낸이 | 김정숙
기획 | 유미경 이상옥
편집 | 이정민 이림영옥
디자인 | 조완철
마케팅 | 박영준
인쇄제작 | 금강인쇄

펴낸곳 | 정토출판
등록 | 1996년 5월 17일(제22-1008호)
주소 | 서울시 서초구 효령로51길 7 정토회관
전화 | 02-587-8991
전송 | 02-6442-8993
이메일 | book@jungto.org

ISBN | 979-11-87297-07-9 03340

평재리 는 정토출판의 평화, 생명, 역사분야 브랜드입니다.